John Pimlott

Die Luftwaffe

Oben: Ein Dornier Do 17Z Bomber.

Folgende Seite: Eine Szene, die für die Luftwaffe während der ersten Kriegsjahre typisch ist: Schwärme von Junkers Ju 87 Stukas stürzen sich auf ihre Ziele.

John Pimlott

Die Luftwaffe

Die Geschichte der deutschen Luftwaffe im Zweiten Weltkrieg

VERLEGT BEI
KAISER

Titel des englischen Originals: »Dr. John Pimlott/Luftwaffe – The illustrated history of the German Air Force in WW II«
Einzig berechtigte Übertragung aus dem Englischen Walter Wurzer

Dieses Buch ist dem Autor, Dr. John Pimlott, gewidmet, der kurz nach dessen Fertigstellung verstarb.

Deutsche Erstausgabe

Neuauflage: 2010
E-Mail: office@kaiserverlag.com
Homepage: www.kaiserverlag.com
Diese Übersetzung des Titels »Luftwaffe«, erstmals veröffentlicht 1998,
wurde aufgrund einer Vereinbarung mit Brown Packaging Books Ltd. herausgebracht.
Einbandgestaltung: Volkmar Reiter
Satz: Context Type & Sign Pink, St.Veit/Glan
Druck und Bindearbeit: Gorenjski Tisk, Kranj – Slowenien

Inhalt

K A P I T E L 1

EIN NEUER ANLAUF

Der Aufbau einer modernen Luftwaffe im Dritten Reich erwies sich durch die Niederlage im 1. Weltkrieg und die darauf folgenden Beschränkungen durch den Versailler Vertrag als eine entmutigende Aufgabe. Doch durch Täuschung und Entschlossenheit gelang das schier Unmögliche.

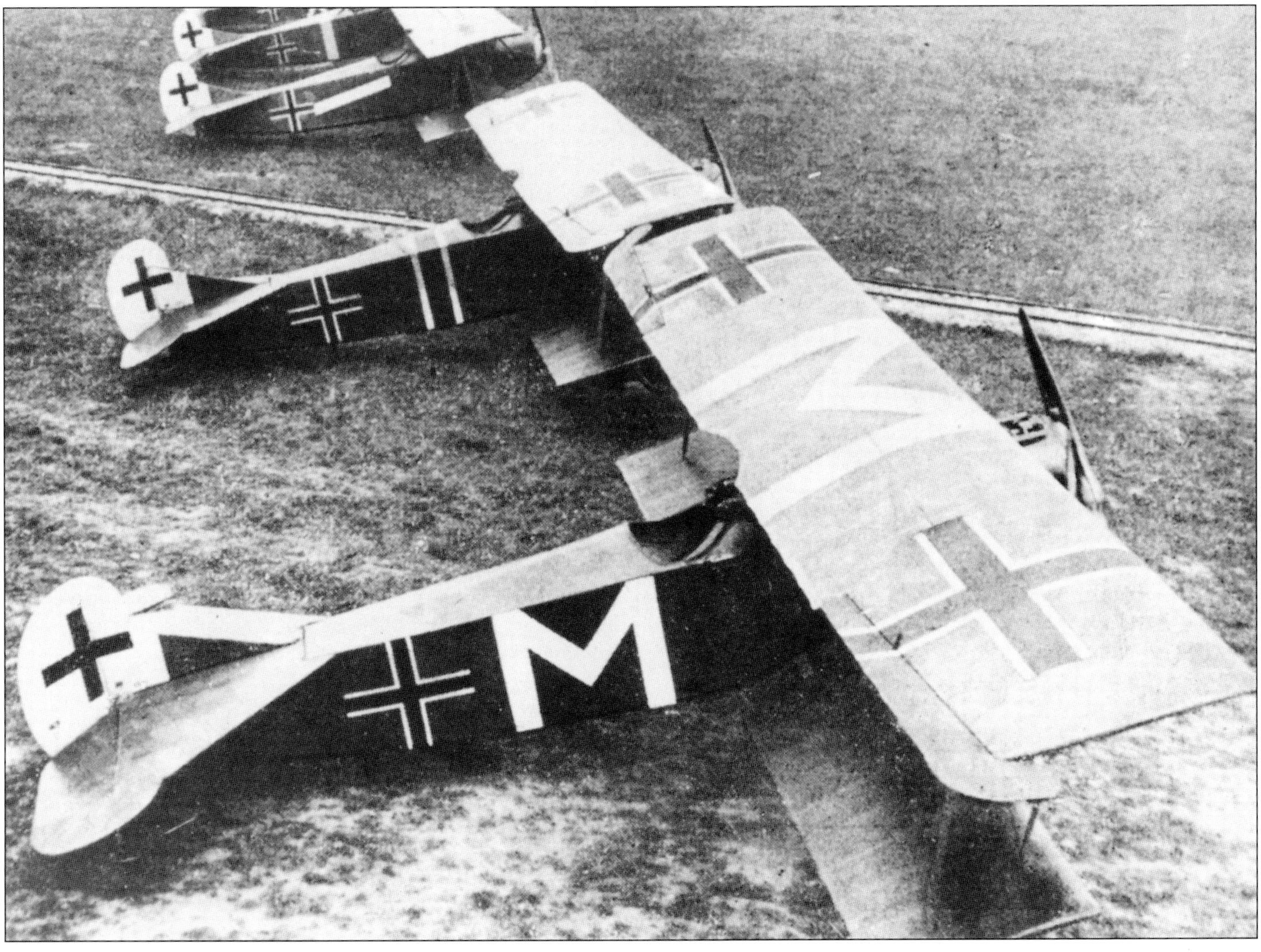

Links: Adolf Hitler spricht vor dem Reichstag 1938. Oberhalb von ihm sitzt Hermann Göring. Diese beiden Männer waren letztendlich für die Entscheidungen verantwortlich, die zum Ausbau der Luftwaffe führten.

Oben: Eine Jasta (Jagdstaffel) von Fokker D.VII-Einsitzer-Jagdflugzeugen steht zur Inspektion bereit, wie in den Waffenstillstandsbedingungen im November 1918 vorgesehen. Die D.VII war zu ihrer Zeit ein hervorragendes Flugzeug.

Am 11. November 1918, nach vier Jahren verlustreichen und fruchtlosen Krieges, blieb Deutschland keine andere Wahl als ein Waffenstillstand. Im Westen drangen französische, englische und im verstärkten Maße auch amerikanische Truppen immer weiter vor, während sich vom Osten aus die Revolution ausbreitete. Das Ende des Krieges stand unmittelbar bevor. Die Alliierten waren entschlossen, Deutschland ein für allemal in die Schranken zu weisen. Die Bedingungen des Waffenstillstands waren hart, insbesondere hinsichtlich der deutschen Luftwaffe. Gemäß Punkt IV musste Deutschland »1700 Jagd- und Bombenflugzeuge in gutem Zustand übergeben«. Dazu zählten auch alle Fokker D.VII-Jagdflugzeuge sowie die gesamte Nachtbomberflotte. Am 12. Dezember 1918 verkündete die neue republikanische Regierung in Berlin, dass sie den Forderungen nachgekommen sei. Laut alliierten Aufzeichnungen waren aber insgesamt nur armselige 516 Land- und 58 Wasserflug-

Oben: Staatssekretär der Luftfahrt Erhard Milch (Mitte) während eines Besuches französischer Luftwaffenoffiziere 1937. Milch gilt als der wahre Architekt der deutschen Luftwaffe, obwohl sein Einfluss abnahm, als Göring in ihm einen Rivalen sah. Am Schluss waren all seine Energie und sein Einsatz umsonst.

Unten: Diese Aufnahme vom selben Tag zeigt französische Offiziere, die Dr. Ernst Heinkel vorgestellt werden (der kleinere der beiden Männer in Zivil). Hinter ihm ist das Fliegerass Ernst Udet zu sehen, der im Krieg mit dem Pour le Mérite ausgezeichnet worden war. Diese beiden Männer spielten eine wichtige Rolle in den Anfangsjahren der Luftwaffe.

Oben: Ein Mechaniker arbeitet am Flügel eines deutschen Eindecker-Ausbildungsflugzeugs, eine Focke-Wulf des Typs Fw 55L. Mitte der Dreißigerjahre hatte die Versorgung der jungen Luftwaffe mit Ausbildungsflugzeugen Priorität, um genügend Piloten auszubilden. Dadurch verzögerte sich aber der Bau neuer, modernerer Jagdflugzeuge, da die Flugzeugwerke ja mit dieser Aufgabe ausgelastet waren.

Unten: Das erste deutsche Jagdflugzeug nach dem 1. Weltkrieg: die in den Niederlanden hergestellte Fokker D.XIII. Angetrieben von einem in Lizenz gefertigten britischen Napiermotor wurde die D.XIII überwiegend auf der geheimen Ausbildungsbasis bei Lipetsk in der Sowjetunion eingesetzt. Dort wurden Piloten und Beobachter ausgebildet, die dann im Juni 1941 beim Angriff auf die Sowjetunion dabei sein sollten.

zeuge ausgehändigt worden. Dieses Doppelspiel sollte schon bald zur Norm werden.
Trotz der offiziellen Entwaffnung der Luftstreitkräfte im Januar 1919 verfügten die deutschen Streitkräfte noch immer über 9000 Flugzeuge in ihren Beständen und waren keineswegs gewillt, ihr Luftwaffenpotenzial so einfach zu opfern.
Es gab eine Reihe von Methoden, um die Bedingungen des Waffenstillstandes zu umgehen. Als in Deutschland Unruhen ausbrachen, setzte das Heer Freikorpseinheiten aus ehemaligen Soldaten gegen die rebellierenden Kommunisten ein. Zu diesem Zweck erhielten sie auch Flugzeugstaffeln. An die 35 Freikorpsstaffeln entstanden, die über 250 bis 300 Flugzeuge verfügten. Mit diesen warfen sie Flugblätter und sogar Bomben auf die deutsche Zivilbevölkerung ab. Die Lage beruhigte sich, aber die Staffeln blieben bestehen und wurden von der neu gebildeten Reichswehr übernommen. Zur selben Zeit förderte die Regierung die zivile Luftfahrt und unterstützte den Einsatz von Kriegsflugzeugen zur Beförderung von Postsendungen quer durch ganz Deutschland. Daneben erfüllten viele Flugzeughersteller jene Aufträge, die sie noch vor dem Waffenstillstand erhalten hatten. Es sah so aus, als ob Punkt IV gescheitert wäre.

Die Bedingungen des Versailler Vertrages

Dies änderte sich jedoch mit dem 28. Juni 1919, als der deutschen Delegation bei den Friedensverhandlungen in Paris-Versailles der Vertragstext zur Unterzeichnung vorgelegt wurde. Die Alliierten demonstrierten Härte. Deutschland durfte selbst keine Militärflugzeuge mehr herstellen, und innerhalb von drei Monaten musste die Regierung sämtliche Flugzeuge ausliefern. Ein Versuch der Deutschen, ihr Fliegerpotenzial zu verschleiern, indem Staffeln der Staatspolizei zugeteilt wurden, scheiterte. Die Alliierten konfiszierten einfach deutsche Zivilflugzeuge, bis die Regierung nachgab.
Diese 140 Zivilflugzeuge, die Deutschland verwenden durfte, waren bald die einzige Möglichkeit, um in Deutschland in der Luft zu reisen. Doch auch diese unterlagen strengen Auflagen in

Oben links: Ein Heinkel He 51A-Einsitzer-Jagdflugzeug ist startbereit. Die He 51, die erstmals im Sommer 1933 zum Einsatz kam, war eine robuste Maschine. Doch vor allem im Spanischen Bürgerkrieg zeigten sich ihre Unzulänglichkeiten. So fand sie auch ab 1939 vorwiegend als Schulungsflugzeug Verwendung.

Unten links: Hermann Göring, der schillernde Chef der Luftwaffe und Vertraute Hitlers innerhalb der NSDAP. Göring, ein Fliegerass des 1. Weltkrieges, hatte 1918 nach dem Tod des »Roten Barons« die berühmte Richthofen-Staffel angeführt. Für seine Tapferkeit war ihm der Pour le Mérite verliehen worden. Im 2. Weltkrieg verlor er durch seine Misserfolge (Luftschlacht um England) zunehmend an politischem Einfluss.

Unten: Die Luftwaffe entwickelt allmählich Konturen, wenn auch in ziviler Verkleidung. Diese Aufnahme aus dem Jahre 1936 vom Flughafen Berlin-Tempelhof zeigt im Vordergrund ein Junkers Ju 86-Verkehrsflugzeug sowie mehrere Junkers Ju 52 und Leichtflugzeuge im Hintergrund. Beide Junkers ließen sich leicht zu Bombern umbauen, wobei die Ju 52 im 2. Weltkrieg häufig zum Einsatz kam.

Hinsicht auf ihre Geschwindigkeit (169 km/h), ihre Gipfelhöhe (3962 m) und ihre Reichweite (200 km). Als Folge hörte die Luftfahrtindustrie fast vollständig auf zu existieren, die Fabriken mussten zusperren und die Arbeiter entlassen werden.

Schlupflöcher im Vertrag

Die Deutschen gaben aber nicht auf. 1924 hatte General Hans von Seeckt, Chef des Generalstabes der Reichswehr, dafür gesorgt, dass ein bestimmter Teil von Luftwaffenoffizieren in der Reichswehr verblieb (180 von insgesamt 3800 Offizieren). Er ernannte Kapitän Ernst Brandenburg zum Chef des Luftfahrtamtes im Verkehrsministerium und schuf so eine enge Beziehung zwischen der Zivilluftfahrt und den Streitkräften. Daneben kam der neue Sport des Segelfliegens in den Genuss offizieller Unterstützung, wodurch zahlreiche zukünftige »Fliegerasse« der Luftwaffe ihre ersten Flugerfahrungen durch den 1920 gegründeten staatlichen Deutschen Luftfahrtverband e.V. erhielten.
Eine noch wichtigere Rolle spielte jedoch die Intensivierung der militärischen Beziehungen zu Russland. Sowohl Deutschland als auch Russland waren wegen Polen beunruhigt. Bei beiden Ländern handelte es sich um Nationen, die sich aufgrund des ihnen entgegengebrachten Hasses und Misstrauens verbündet hatten. Am 16. April 1922 normalisierte der Rapallo-Vertrag die Bezie-

hungen zwischen Berlin und Moskau. Darin enthalten war auch der Rahmen für ein geheimes Luftfahrt- und Militärabkommen, das sowohl das russische Bedürfnis nach deutscher Technologie als auch den deutschen Bedarf an Ausbildungsstützpunkten außerhalb des Einflussbereiches der Alliierten befriedigte. Drei Jahre später kommt es zur Unterzeichnung eines Abkommens, das den Deutschen den Bau eines Luftwaffenstützpunktes bei Lipetsk (483 km südwestlich von Moskau) erlaubt. Die in den Niederlanden gebauten Fokker D.XIII-Jagdflugzeuge wurden dann heimlich dorthin geschafft. Zu diesem Zeitpunkt hatte der Flugzeughersteller Junkers in Fili, südlich von Moskau, eine Fabrik gebaut, um dort sowohl für die Russen als auch für den Stützpunkt in Lipetsk Flugzeuge zu bauen. In diesem Fall scheiterte zwar dieses Vorhaben, aber die Ausbildung der deutschen Piloten - sowohl der »Alten Adler« (ehemalige Kriegsoffiziere) als auch der »Jungen Adler« (neue Rekruten) - trug das Ihre dazu bei, um den Geist der deutschen Militärluftfahrt aufrechtzuerhalten.

Lipetsk blieb bis 1933 in Betrieb, und über 120 Piloten erhielten dort ihre Ausbildung. Das Hauptaugenmerk lag dabei vor allem auf der Nahkampfunterstützung von Bodentruppen. Es wurden aber keine Bomberpiloten ausgebildet. Man hatte jedoch die Möglichkeit genutzt, mit neuem Gerät zu üben und Bodenmannschaften zu trainieren. Es war ein durchaus erfolgreiches Unternehmen.

In der Zwischenzeit hatten die Alliierten begonnen, einige der in Versailles auferlegten Beschränkungen aufzuheben. Teilweise geschah dies als »Belohnung« für das offensichtliche deutsche Entgegenkommen, teils als Reaktion auf den beinahen Zusammenbruch der deutschen Wirtschaft angesichts der extrem ho-

Oben: Fliegerabwehrschützen der Luftwaffe bei einer Schauübung anlässlich eines Parteitages der NSDAP 1935. Die Waffe ist die neu entwickelte 2-cm-Fliegerabwehrkanone (Flak) 30, die in geringer Stückzahl bis zur Einführung der effektiveren Flak 36 produziert wurde.

Links: Mit zunehmender Bedeutung der Luftwaffe wird der Ausbildung der zukünftigen Flieger des Reiches Priorität eingeräumt. Hier nehmen junge Offiziersanwärter der Luftwaffe aufmerksam am Unterricht in Luftnavigation teil, einem wichtigen Fach für die kommenden Feldzüge.

Unten: Einsatz von Entfernungsmessern. Unteroffiziere der Luftwaffe schätzen die Geschwindigkeit und Höhe von Junkers Ju 52 während einer Übung. Trotz der scheinbar veralteten Geräte erlernen die Schützen hier Fähigkeiten, die sie in weniger als vier Jahren bereits anwenden werden.

hen Reparationszahlungen. Dies zeigte sich vor allem auf dem Gebiet der zivilen Luftfahrt, da die Alliierten der Schaffung einer einzelnen Fluglinie aus der Vielzahl von kleinen Gesellschaften, die seit 1918 entstanden waren, nichts entgegensetzten. Am 6. Januar 1926 kommt es folglich zur Gründung der Lufthansa mit einer anfänglichen Luftflotte von 162 Flugzeugen. Unter der Führung von Erhard Milch als technischer (und später dann wirtschaftlicher) Direktor entwickelte sich die neue Fluglinie äußerst erfolgreich und eröffnete immer neue Routen.

So wurde sie zur führenden Fluglinie in Europa. Viele Piloten der Lufthansa gingen dann später zur Luftwaffe. Die Existenz einer zivilen Luftfahrt ermöglichte es nun Milch auch, bei den deutschen Flugzeugherstellern modernere Verkehrsflugzeuge zu bestellen, wie etwa die dreimotorige Junkers Ju 52. Die Verkehrs-

Oben: Ein Arado Ar 95-Zweisitzer-Aufklärer und Torpedo-Wasserflugzeug. Die Bewaffnung bestand aus zwei Maschinengewehren zur Verteidigung und einem Torpedo (wie abgebildet) oder einer Bombe für den Angriff. Die Ar 95 war kein Erfolg und nur wenige Stück von ihr wurden gebaut.

flugzeuge konnten dabei problemlos in Bomber oder militärische Transportflugzeuge umgebaut werden, wenn sich dies als notwendig erweisen sollte.

Organisation der Luftwaffe

Die Pläne für die Wiederbelebung einer militärischen Luftwaffe waren schon Ende der Zwanzigerjahre weit fortgeschritten. Stabsoffiziere der Reichswehr hatten in streng geheimer Arbeit auf den Tag gewartet, an dem die Reichswehr erweitert werden durfte (sie war durch Versailles auf 100.000 Mann beschränkt gewesen). Natürlich zählten auch die Flugzeugstaffeln dazu. Die Wirtschaftskrise von 1929/30, ausgelöst durch den »Börsensturz« an der Wallstreet, machte zwar viele der anfänglichen Ideen zunichte, aber der grundlegende Plan blieb bestehen. Das Ziel war die Schaffung der »Luftstreitkräfte des Neuen Friedensheeres« ab 1934/35 mit einer Frontstärke von rund 150 Maschinen und einer Reserve von 50 Maschinen. Sie sollten in 22 Staffeln unterteilt werden, davon 13 Aufklärer-, sechs Jagdflieger- und drei Bomberstaffeln. Das Hauptaugenmerk lag deutlich auf der Nahkampfunterstützung der Bodentruppen, wobei vorwiegend Aufgaben der Luftüberwachung und des Geleitschutzes der Aufklärer anfielen. Dem Abwurf von Bomben kam nur eine geringe Bedeutung zu.
Daneben wurden Bombenziele so ausgesucht, um die Beweglichkeit der Bodentruppen zu erhöhen und den Feind im operativen und taktischen Bereich zu schwächen. Noch dachte man nicht daran, feindliche Städte und Industrieanlagen zu zer-

Oben: Arado Ar 68, die letzten Doppeldecker-Jagdflugzeuge, die in der Luftwaffe in Dienst gingen. Aufgrund des Kreuzes auf dem Rumpf lässt sich dieses Foto auf das Jahr 1938 datieren, als die Ar 68 schon veraltet war.

Unten: Focke-Wulf Fw 56 »Stößer«-Jagdflugzeug. Ein wendiges und einfaches Flugzeug, das mit einem oder zwei Maschinengewehren bestückt werden konnte. Es wurde als früher Sturzkampfbomber erprobt.

stören. Diese Pläne wurden am 10. August 1932 offiziell genehmigt, fünf Monate bevor Adolf Hitler zum Reichskanzler ernannt wurde.
Hitler übernahm deshalb eine unfertige Luftwaffe, aber es besteht kein Zweifel, dass sein Aufstieg zur Macht der Luftwaffe den dringend benötigten politischen und finanziellen Aufschwung gegeben hat. Nur Stunden nach seiner Ernennung zum Reichskanzler im Februar 1933 ernannte er seinen erprobten Kameraden Hermann Göring zum Reichskommissar für die Luftfahrt. Er wollte damit dessen Erfahrung als Fliegerass des 1. Weltkrieges für die zukünftige Entwicklung der Luftwaffe ausnützen. Göring war jedoch stark mit seiner politischen Laufbahn beschäftigt und so fiel die Hauptarbeit bei der Schaffung der Luftwaffe an Milch. Dieser war 1933 von der Lufthansa kommend zum Staatssekretär der Luftfahrt ernannt worden. Die nationalsozialistische Regierung stattete ihn mit einem Budget von 40 Millionen Reichsmark aus, um die Luftwaffe aufzubauen. Dies war jedoch erst der Beginn finanzieller Zuwendungen, die ständig steigen sollten. 1936 verschlang die Luftwaffe bereits mehr als 38 Prozent des gesamten deutschen Verteidigungsbudgets.

Oben: Der dritte Prototyp (V3) der Junkers Ju 87, mit dem Codenamen D-UKYQ. Deutlich erkennbar sind die charakteristischen Knickflügel, welche auf den Kriegsschauplätzen Europas so bekannt werden sollten. Die V3 unterschied sich von früheren Prototypen durch eine verbesserte Oberfläche des hinteren Tragwerks und Pilotensicht. Die Grundkonstruktion ist aber bereits zu erkennen.

Oben rechts: Der dritte Prototyp (V3) des Messerschmitt Bf 109-Jagdflugzeugs, 1936 aufgenommen. Die V3 war die erste Version eines Flugzeugs, das mit einem Maschinengewehr über dem Motor ausgestattet war. Dies erklärt auch das etwas gekappte Aussehen der Propellernabe.

Unten rechts: Ein Messerschmitt Bf 110-Langstreckenzerstörer in voller Kriegsbemalung. Er konnte sich jedoch im Kampf nicht bewähren und wurde dann als Nachtjäger wirkungsvoller eingesetzt.

Erhard Milchs Pläne

Milch war ein erfahrener Geschäftsmann, durch dessen Hände häufig große Summen gingen. Eine seiner ersten Amtshandlungen als Staatssekretär bestand darin, den Bau von Jagdflugzeugen und Bombern in Auftrag zu geben, um die darnieder liegende Flugzeugindustrie anzukurbeln und Fertigungsstraßen einzurichten. Die ersten Modelle waren aber noch Übergangsmodelle - wie der Heinkel He 51-Doppeldecker-Jäger, der Ju 52-Bomber und zahlreiche Ausbildungsmaschinen. Er benötigte aber irgendetwas, mit dem er vor der ganzen Welt prahlen konnte, nachdem im Mai 1933 die politische Entscheidung gefallen war, die offizielle Gründung der Luftwaffe zu verkünden. Zu der Zeit plante Milch eine Streitmacht von 51 Staffeln mit einer Frontstärke von 600 Flugzeugen (die mit Einführung industrieller Fertigungsmethoden rasch auf 1000 Stück steigen sollten). Dies war jedoch erst der Anfang. Während die Fabriken Tag und Nacht arbeiteten, begann er überall in Deutschland moderne Luftwaffenstützpunkte zu errichten, die mit Funk und optischen Navigationssystemen sowie hervorragenden Kommunikations- und meteorologischen Einrichtungen ausgerüstet waren. Die 36 »Aerodrome«, die so entstanden, sollten sich bei Ausbruch des 2. Weltkrieges als unschätzbar erweisen.
Aber es kam zu Problemen. Vor allem der schlechte Zustand der deutschen Luftfahrtindustrie nach 14 Jahren völliger Vernachlässigung kam jetzt zum Tragen. 1933 beschäftigte die Flugzeugindustrie weniger als 3500 Leute in acht verstreuten Fabriken. Trotz des rapiden Aufstiegs dieser Branche durch die Initiative

der Nationalsozialisten (Mitte 1936 gab es bereits an die 125.000 Beschäftigte), litt die Effektivität am Tempo dieser Entwicklung. Man benötigte Zeit, um Luftfahrtingenieure und -techniker auszubilden, abgesehen vom Bau der entsprechenden Fabriken, die für eine Massenproduktion geeignet waren. Obwohl sich die Ergebnisse auf dem Papier gut lasen, waren der Leistungsfähigkeit der Industrie Grenzen gesetzt.

Die Situation besserte sich auch nicht dadurch, dass Hitler im September 1933 verlangte, dass die Luftwaffe über 2000 Flugzeuge verfügen sollte (er sah in solch einer großen Flotte eine Möglichkeit, die Alliierten zu einer Änderung des Vertrages von Versailles zwingen zu können). Doch auch die verantwortlichen Köpfe in der Luftwaffe zogen nicht an einem Strang. Göring begann schon bald Milch zu misstrauen und als einen Rivalen anzusehen. Der Leiter des Luftfahrtkommandos, General Walter Wever, konnte zwar vieles ausgleichen, aber nach seinem Tod bei einem Flugzeugabsturz im Mai 1936 wurden die Reibereien immer stärker. Obwohl Göring aus diesem Kampf als Sieger hervorging, war dadurch den langfristigen Zielen der Luftwaffe kaum geholfen.

Doch die Expansion wurde dadurch nicht beeinträchtigt. Während in den Fabriken eifrig veraltete Modelle wie die He 51 gebaut wurden, förderte Milch bereits die Entwicklung einer neuen Generation von Kampfflugzeugen. Einige davon befanden

sich bereits am Reißbrett oder es gab sogar Prototypen davon. Schon 1932 war der Bau eines mittleren Hochgeschwindigkeitsbombers als Verkehrsflugzeug getarnt angeordnet worden. Das Ergebnis waren die Dornier Do 17 und die Heinkel He 111 - aber es gab auch neuere Modelle.

Neue Flugzeugkonstruktionen

Dazu gehörte vor allem das Messerschmitt Bf 109-Jagdflugzeug, das im September 1935 erstmals im Flug getestet wurde. Daneben gab es noch den Junkers Ju 87 schweren Sturzkampfbomber, der ebenfalls im selben Jahr seinen Jungfernflug hatte. Im Volksmund waren sie als Stukas bekannt, der Abkürzung für Sturzkampfflugzeug. Die Konzentration auf die Stukas zeigte deutlich, dass die Planer in der Luftwaffe diesem Flugzeugtyp gegenüber den Horizontalbombern den Vorzug gaben. Man glaubte nämlich, dass diese wesentlich effektiver gegen Punktziele eingesetzt werden könnten, wie etwa Truppenkonzentrationen oder Kommunikationsnetze.

Dies war zweifelsohne richtig und die Stukas sollten schon bald in ganz Europa zu einer gefürchteten Waffe werden. Gleichzeitig wurden aber dadurch Ressourcen von der Entwicklung des sogenannten »Ural-Bombers« abgezogen, der für strategische Angriffe auf weit entfernte feindliche Ziele gedacht war. Das Hauptaugenmerk der Luftwaffe lag zweifelsohne auf der Nahkampfunterstützung durch Flugzeuge, der Unterbrechung feindlicher Nachschub- und Kommunikationslinien sowie ausgewählter Schläge gegen feindliche Luftkonzentrationen (einschließlich der Flugzeugwerke). Aber bereits 1936 war erkennbar, dass nicht alle Aspekte erfüllt werden konnten. Das Ungleichgewicht innerhalb der einzelnen Bereiche der Luftwaffe zeichnete sich bereits deutlich ab. Deutschlands Gegner in Europa, die mit steigender Sorge den Aufstieg der Luftwaffe beobachteten, wussten dies aber nicht. Am 1. März 1934 verfügte Hitler nur über 77 Frontflugzeuge (davon lediglich 27 Bomber und zwölf Jagdflugzeuge). Nachdem sich die Fabriken aber erholt hatten und - ebenfalls von Bedeutung - die allgemeine Wehrpflicht wieder eingeführt worden war, hob die Luftwaffe in jeder Hinsicht ab. Am 1. August 1935 bestand ihre Flotte aus 1833 Flugzeugen (einschließlich 833 Bombern und 251 Jagdflugzeugen). Innerhalb nicht einmal eines Jahres waren es bereits gewaltige 2680 Flugzeuge (mit mehr als 1000 Bombern und 700 Jagdflugzeugen). So stand am 7. März 1936 eine gewaltige Streitmacht bereit, als Hitler offen den Vertrag von Versailles brach und seine Truppen (mit Luftunterstützung) in das entmilitarisierte Rheinland einmarschieren ließ. Die Alliierten taten nichts, um ihn zu stoppen.

Nach nur drei Jahren an der Macht hatte Hitler eine Luftwaffe geschaffen, die die moderne Gesellschaft bis ins Mark zu erschüttern schien - niemand könnte 1000 Bomber aufhalten, wenn diese gegen Städte und Industrieanlagen losgeschickt würden. Tausende von Menschen würden durch ihre Bomben sterben oder verstümmelt werden. Die Tatsache, dass innerhalb der Luftwaffe die Doktrin des »Terrors durch Bomben« ausdrücklich geächtet war, war natürlich für außenstehende Beobachter unbekannt. Alles, was sie sehen konnten, waren riesige Staffeln und ihre eigene unzulängliche Verteidigung. Ihre Ängste sollten bald weiter steigen, als die Luftwaffe ihre Zähne zeigte, nicht gegen sie, aber in einem Bürgerkrieg, der sich in Spanien abzeichnete.

Oben links: Der sechste Prototyp (V6) des Junkers Ju 88-Schnellbombers, der als Vorgänger der Produktionsserie gilt. Diese Aufnahme Anfang 1940 zeigt die verbesserten Motoren mit den vierblättrigen Propellern und einer Vorrichtung zum Durchtrennen von Ballonseilen. Diese Idee hielt sich aber nicht lange.

Oben: Zu Propagandazwecken ließ die Luftwaffe Doppeldecker-Jäger beim Parteitag 1938 ein Hakenkreuzmuster als Demonstration ihrer Macht und Stärke fliegen. Mit solchen Bildern verstärkte man noch den Glauben der Feinde Deutschlands, dass es über eine moderne, wirksame Luftwaffe verfüge. In den späten Dreißigerjahren war dies dann auch der Fall. 1937 konnte die Luftwaffe 1000 Jagdflugzeuge und 700 Bomber aufbieten. Großbritannien verfügte zu Kriegsbeginn 1939 über weniger als 1700 Kampfflugzeuge, und Frankreich besaß nur rund 550 Jagdflugzeuge und 400 Bomber.

Rechts: Adolf Hitler beim Parteitag der NSDAP 1935. Sein Stellvertreter, Rudolf Hess (sitzend links), lächelt in die Kamera. Hitlers Bestehen auf eine moderne Luftwaffe als ein Instrument der Überzeugung und Abschreckung stellte die Bereitstellung von Entwicklungsgeldern sicher, konnte aber die jahrelange Vernachlässigung nicht ungeschehen machen.

KAPITEL 2

SPANIEN – DAS VERSUCHSFELD

Die Luftwaffe erprobte ihre Schlagkraft im Spanischen Bürgerkrieg, wo sie neue Luftkriegstaktiken und Flugzeuge testen konnte. Am Ende des Krieges 1939 verfügte die deutsche Luftwaffe über ein exzellent ausgebildetes und erfahrenes Kaderpersonal.

Links: Das neu erworbene Selbstvertrauen der Luftwaffe zeigt sich augenscheinlich in diesem Piloten, der 1937 in Spanien kämpfte.

Oben: Ein frühes Modell einer Heinkel He 111 der Kampfgruppe 88 wirft ihre Bomben über einem republikanischen Ziel in Spanien ab.

Der Spanische Bürgerkrieg brach im Juli 1936 aus, als die Generäle José Sanjurjo und Emilio Mola einen Militärputsch gegen die neu gewählte sozialistische Regierung in Madrid unternahmen. Zur gleichen Zeit übernahm General Francisco Franco im Namen der Putschisten die Macht in der Kolonie Spanisch-Marokko. Leider konnte Franco seine Truppen nicht rasch genug auf das Festland bringen, um den Gegenschlag der Regierung zu verhindern. Innerhalb von Tagen war Spanien geteilt, wobei die Aufständischen (als Nationalisten bezeichnet) den Großteil des Nordens sowie Sevilla und Cadiz hielten. Die Regierung (die Republikaner) kontrollierten hingegen Madrid, den Süden und Osten sowie das Baskenland im Norden. Die Bühne für eine blutige Konfrontation war bereitet. Beide Seiten suchten Hilfe im Ausland - die Republikaner bei den

sozialistischen Genossen in der Sowjetunion, die Nationalisten bei den faschistischen Regierungen in Deutschland und Italien. Zuerst zögerte Hitler aus Angst vor der anglofranzösischen Reaktion, sich zu stark zu engagieren. Als sich aber dann die Aufständischen am 20. Juli einer Ju 52 der Lufthansa bemächtigten, um General Luis Orgaz von den Kanarischen Inseln nach Tetuan zu bringen, waren die Würfel gefallen. Da Sanjurjo tot war (er starb bei einem Flugzeugabsturz), suchte Mola verzweifelt nach Verstärkung. Franco versprach ihm, auf dem Luftweg Truppen zu schicken, hatte aber nur sechs Flugzeuge zur Verfügung. Am 24. Juli flog ein nationalistischer Abgesandter nach Berlin, um Hitler um Hilfe zu ersuchen, wobei er vor allem den steigenden Einfluss der Sowjets in Spanien betonte. Zwei Tage später erklärte sich Hitler bereit, mehrere Ju 52 sowie eine Jägereskorte zur Verfügung zu stellen, um Truppen über die Straße von Gibraltar zu befördern. So konnte man den republikanischen Schiffen in diesem Bereich ausweichen. Milch erhielt die Aufgabe, die Luftbrücke unter dem Codenamen »Feuerzauber« zu organisieren.

Die erste deutsche Luftbrücke

Die Luftbrücke startete am 28. Juli mit Hilfe zweier rasch umgebauter Ju 52, die je 35 Mann pro Flug von Marokko nach Sevilla befördern konnten. In der ersten Woche gelangten so 1207 Mann zur Armee der Nationalisten, und weitere 1282 sollten in der zweiten Woche folgen. Dann stand aber die gesamte Streitkraft der Luftwaffe in Deutschland bereit: neun Ju 52, sechs He 51-Jagdflugzeuge, 20 2-cm-Flak-30-Fliegerabwehrgeschütze und mehr als 100 Mann. In der ersten Augustwoche gelangte sie per Schiff nach Sevilla. Die Luftbrücke - eine der ersten in der Geschichte - dauerte bis zum 11. Oktober 1936, wobei über

Oben: Eine Heinkel He 111B der Kampfgruppe 88 in Spanien. Das besondere Muster auf ihrem Bug - ein stilisiertes E, wahrscheinlich für España - stellt eine fliegende Bombe dar und steht für die 3. Staffel. Das kleine Dreieck rechts gibt die Oktanzahl für den Treibstoff an.

Links: Nationalistische Truppen, die loyal zu General Franco stehen, warten auf einem Flugfeld in Spanisch-Marokko darauf, die beiden Junkers Ju 52 zu besteigen. Diese beiden Flugzeuge waren wahrscheinlich jene Maschinen, die Hitler anfänglich zur Verfügung gestellt hatte, um Francos Männer Ende Juli 1936 ins Kampfgebiet zu bringen. Dies war der Beginn der deutschen Intervention.

Unten: Ein Dornier Do 17F-1-Höhenaufklärer in den spanischen nationalistischen Farben ist bereit zum Start.

13.900 Mann und 274 Tonnen Ausrüstung in insgesamt 868 Flügen transportiert wurden. Ohne diese Unterstützung scheint es zweifelhaft zu sein, ob Franco am Festland eingreifen hätte können. Mola wäre wahrscheinlich isoliert und geschwächt geblieben.
Anfänglich durfte die Luftwaffe keine Kampfeinsätze fliegen, aber die Piloten wurden schon bald in erste Gefechte verwickelt. Bereits am 13. August griffen zwei Ju 52, die zu Bombern umgebaut worden waren, das Kriegsschiff »Jaime I.« an. Elf Tage später eskortierten deutsche Piloten mit ihren He 51 spanische Ju 52-Bomber, die einen Angriff gegen einen Luftwaffenstützpunkt bei Getafe flogen. Die ersten Siege im Luftkampf am 25. August gingen ebenfalls auf das Konto deutscher Piloten. Hitler blieb gar nichts anderes übrig, als diese Tatsache zu akzeptieren. Drei Tage später genehmigte er den Kampfeinsatz von deutschen Soldaten. Franco konnte folglich auf die Luftunterstützung bauen, als er mit seinen Truppen von Sevilla aus losmarschierte, um Teile von Andalusien zu erobern und Madrid zu bedrohen. Toledo fiel am 27. September 1936 in die Hände der Nationalisten.
Im Herbst 1936 hatten die Deutschen 146 Flugzeuge nach Spanien verlegt und stellten bereits ihre eigenen Formationen auf. Dies waren die Gruppe Eberhardt (mit 14 He 51) und die Gruppe Moreau (20 Ju 52 und zwei Heinkel He 70F zur Aufklärung). Beide Gruppen kamen als eine Art »Feuerwehr« zum Einsatz und eil-

Oben: Junkers Ju 87B-Stukas vor einem Angriff auf republikanische Stellungen in Spanien 1938. Die Stukas erwiesen sich dabei als besonders wirksame Waffe, wenn sie im heulenden Sturzflug angriffen und damit die feindlichen Soldaten demoralisierten.

Links: Bomben werden unter dem Flügel eines Junkers Ju 87B-Stuka ausgelegt. Neben dem Abzeichen an der Flügelunterseite sind die Schlösser zu erkennen, an denen sie befestigt werden. Am Radschutz ist ein stilisiertes Schwein (»Jolanthe« genannt) aufgemalt.

ten von einem Frontbereich zum anderen, je nachdem, wo sie gebraucht wurden. Bereits im Oktober standen sie ständig im Einsatz. Hitler reagierte, indem er eine richtige Kampfgruppe daraus machte, die schließlich als Legion Condor bekannt werden sollte. Ende 1936 stand diese in Form einer Bombergruppe und einer Jagdgruppe, unterstützt von Aufklärern und Sturzkampffliegern sowie einer Flakformation, bereit. Ihr Kommandant war General Hugo Sperrle, dem 120 Flugzeuge und rund 5000 Mann unterstanden. Eine wahrlich stattliche Truppe.
Aber die Legion wurde nicht sofort vom Erfolg verwöhnt. Erste Bombenangriffe gegen republikanische Stellungen um Madrid scheiterten. Einmal wurden sogar die eigenen nationalistischen Truppen getroffen, die auf den Angriff warteten. Zur selben Zeit konnten die Republikaner teilweise die Lufthoheit erringen. Verantwortlich dafür waren sowjetische Piloten und Kampfflugzeuge, wie die Polikarpow I-15 Chato und I-16 Mosca, die als Geleitschutz für die Tupolew ANT-40 SB-Katjuscha-Bomber fungierten. Die He 51 erwiesen sich hingegen als zu verwundbar, und ohne sicheren Geleitschutz mussten die Ju 52 auf den Nachtangriff übergehen. Darunter litten jedoch die Genauigkeit und die Wucht des Angriffs. Im Februar 1937 war die Legion daher auch reichlich angeschlagen.

Neue Flugzeuge in Spanien

Die Notwendigkeit modernerer Flugzeuge zeigte sich immer deutlicher. Anfang 1937 fanden in Spanien die ersten Tests mit frühen Versionen der Bf 109 und Ju 87 statt. Es sollte jedoch noch einige Zeit dauern, ehe die ersten Serienmodelle in größerer Anzahl vorhanden waren. In der Zwischenzeit liefen jedoch verbesserte Bomberversionen von den deutschen Fließbändern und die Legion konnte mit Do 17E, He 111B und den ersten Junkers Ju 86D ausgestattet werden. Diese kamen in Spanien erstmals am 9. März zum Einsatz.

Nur wenige Wochen später erreichten 16 hastig zusammengebaute Bf 109B gemeinsam mit Do 17P-Langstreckenaufklärern die Iberische Halbinsel. Damit konnte das drohende Desaster abgewendet werden.

Dieses neue Engagement führte in der Folge zu vermehrten militärischen Erfolgen der Nationalisten vor allem im Baskenland im Norden. Die Offensive begann am 21. März 1937 mit einem Vorstoß auf Bilbao. Der Hauptschlag folgte zehn Tage später bei den republikanischen Stellungen rund um Orchandiano, in dessen Verlauf die Bomber der Legion Durango bombardierten. Dabei sterben an die 250 Zivilisten im Bombenhagel und doppelt so viele werden verwundet. Es sollte dies ein Vorzeichen für das sein, was noch kommen würde. Schrittweise mussten sich die Republikaner in Richtung »eiserner Ring«, der Bilbao umgab, zurückziehen.

Auf ihrem Rückzug trafen sich ihre Truppen beim Dorf Guernica, wo die Straßen- und Eisenbahnverbindungen den Fluss Oca überquerten. Am 25. April berichtete ein Aufklärungsflugzeug der Legion von starken militärischen Bewegungen in und um Guernica. Der deutsche Kommandant, General Wolfram von Richthofen (ein Cousin des Fliegerasses aus dem 1. Weltkrieg, dem »Roten Baron«), erhielt den Befehl zu einem Bombenangriff. Am späten Nachmittag warfen 26 Bomber (hauptsächlich Ju 52), die von 16 Jägern eskortiert wurden, 46 Tonnen Bomben über dem Dorf ab. Eine gewaltige Zerstörung und an die 1000 Tote (vorwiegend Zivilisten) waren die Folge.

Die Auswirkungen von Guernica

Nachdem erste Meldungen über den Luftangriff an die Öffentlichkeit gelangten, erfolgte ein internationaler Aufschrei über die »barbarische« Kriegführung. Ein eindrucksvolles Wandgemälde des spanischen Malers Pablo Picasso sorgte dafür, dass die Erinnerung an Guernica aufrecht blieb. Dieser Luftangriff erbrachte erstmals den Beweis, wozu eine Luftstreitmacht fähig sein konnte. Trotz Richthofens Behauptung, dass es sich um ein legitimes Ziel - feindliche Truppenkonzentrationen - gehandelt habe, verstärkte sich der Ruf der Luftwaffe dahin, eine tödliche Waffe zu sein. Die übrigen europäischen Mächte sahen die Auswirkungen auf Guernica, und ihre Angst vor der deutschen Kriegsmacht stieg. Hitler nützte diese Furcht 1938 aus, als seine Truppen den Anschluss Österreichs erzwangen und Teile der Tschechoslowakei besetzten.

Unten: Ein Heinkel He 112B-Einsitzer-Jäger, eines jener Flugzeuge, die 1938 in Spanien erprobt wurden. Trotz ihrer guten Leistungen wurde die He 112 von der Luftwaffe nicht übernommen, da diese der Messerschmitt Bf 109 den Vorzug gab.

Weder Großbritannien noch Frankreich fühlten sich stark genug, um eine Konfrontation mit Deutschland zu wagen. Die Gefahr einer Bombardierung ihrer Städte schien zu groß.

Neue Taktiken in der Luft

In der Zwischenzeit unterstützte die Legion in Spanien weiterhin die Nationalisten, wobei mit steigender Erfahrung auch ihre Taktik im Luftkampf effektiver wurde. Nachdem sich die Basken innerhalb ihres »eisernen Ringes« zurückgezogen hatten, perfektionierten die Piloten der He 51 ihre Technik des Bodenangriffs, die als »cadena« (Kette) bekannt wurde. Nachdem immer mehr Bf 109 eintrafen, wurden die He 51 nun von ihren Aufgaben als Jagdflugzeug befreit. Jede von ihnen erhielt nun vier 10-kg-Bomben sowie einen Treibstoffbehälter, der ebenfalls abgeworfen wurde und beim Aufprall am Boden explodierte. Bis zu neun Flugzeuge flogen im Tiefflug auf der Suche nach Zielen. Auf ein Zeichen ihres Anführers warfen sie ihre Bombenlast ab. Daraufhin umkreisten sie solange das Zielgebiet, bis die gesamte Munition verschossen war.

Mit Hilfe solcher Techniken gelang es den Nationalisten, am 19. Juni 1937 Bilbao zu erobern.

Die Legion kam dann sofort an die Front vor Madrid, wo eine Offensive der Republikaner bevorstand. Die gegnerische Luftwaffe war hier jedoch stärker als im Norden (die erste Bf 109 ging am 12. Juli im Luftkampf verloren), aber durch ihre neuen Taktiken konnten die Nationalisten auch hier allmählich die Lufthoheit erobern. Am 18. Juli wurde dieses Ziel endgültig erreicht, wobei acht eigene Flugzeuge verloren gingen. Doch jetzt benötigte die Legion dringend Ruhe und Erholung. Franco bestand jedoch da-

Oben: Diese Angehörigen der Legion Condor bilden ihre Verbündeten aus, damit sie deutsche Flugzeuge fliegen können. Sie tragen spanische Uniformen und Abzeichen (einschließlich der eher unpassenden Pilotenabzeichen mit der königlichen Krone darüber). Dadurch wollte man das deutsche Engagement in Spanien tarnen.

Oben rechts: Heinkel He 59B-Torpedobomber und Wasseraufklärer der See-Aufklärungsstaffel 88 in nationalistischen Farben kehren 1937 von einer Mission über dem Meer im südlichen Spanien zurück. Im November 1936 wurden sie erstmals zur Unterstützung Francos eingesetzt.

Unten rechts: Mitglieder der Legion Condor marschieren singend durch eine spanische Stadt. Der Mann im Vordergrund ist ein Funker, erkennbar an seinem »Abzeichen« an der rechten Brusttasche.

Oben: Ein typisches Beispiel der primitiven Umstände, mit denen die Legion Condor in Spanien häufig konfrontiert war. Dieses Flugfeld ist sowohl den Naturelementen als auch feindlichen Luftangriffen ausgesetzt und lässt somit auf eine nationalistische Luftüberlegenheit schließen. Das Flugzeug, eine frühe Heinkel He 111, steht bereit, mit Bomben beladen zu werden.

Links: Heinkel He 111B-Bomber stehen zur Inspektion bereit, wahrscheinlich vor ihrem Transport 1938 von Deutschland nach Spanien. Das »Adlerwappen« am Rumpf des Flugzeugs im Vordergrund steht für die 4. Staffel der Kampfgruppe 88. Jede He 111B konnte eine Bombenlast von über 1363 kg befördern.

rauf, die Initiative zu ergreifen und im späten August Santander im Norden zu erobern. Dies wurde nun zur Norm: eine Offensive nach der anderen an weit verstreuten Orten, wobei zuerst die Bomber, Jäger und Sturzkampfbomber der Legion angriffen und den Feind demoralisierten. Die Deutschen konnten beträchtliche Siege erringen: Am 7. Februar 1938 griffen Jagdflieger der Legion eine Formation von zwölf Katjuschas an und zerstörten zehn Maschinen, wobei keine eigenen Verluste zu verzeichnen waren. Die Strapazen machten sich aber nun bemerkbar. Einige Besatzungen flogen bis zu sieben Einsätze am Tag, vielfach in schrecklichem Zustand. Der einzige Trost bestand darin, dass nun Piloten der Nationalisten, die meistens von der Luftwaffe ausgebildet wurden, verstärkt eingesetzt werden konnten, um die Belastungen etwas zu mindern.

Diese Eigenständigkeit der Nationalisten erlaubte es nun, die Legion allmählich zu verkleinern, wobei jedoch zuvor harte Kämpfe zu bestehen waren. Im Juni 1938, als Franco nach Aragonien vorstieß, machte die Legion einen reichlich erschöpften Eindruck (nur 16 von 30 Bf 109 waren einsatzfähig). Die He 51 erwiesen sich nun auch beim Bodenangriff als gefährlich veral-

Oben: Bodenpersonal arbeitet an einer Heinkel He 111B, die für einen Luftangriff auf republikanische Stellungen 1938 vorbereitet wird. Die ersten He 111 kamen Anfang 1937 nach Spanien.

Unten: Eine Heinkel He 111B der 2. Staffel der Kampfgruppe 88 (erkennbar an der Markierung an der Seitenflosse), vom Nachbarflugzeug aus fotografiert, fliegt in Richtung Ziel (1937).

Links: Eine Aufnahme von Werner Mölders als Oberst mit dem Ritterkreuz des Eisernen Kreuzes und Eichenlaub, Schwertern und Diamanten (1941). Als Kommandant der Jagdgruppe 88 in Spanien perfektionierte er die taktische »Vier-Finger«-Formation. Bis zum Juli 1941 konnte er 115 Abschüsse verbuchen.

Unten: Das Seitenruder von Werner Mölders' nationalistisch bemalter Messerschmitt Bf 109B zeigt insgesamt 15 Striche, die je einen feindlichen Abschuss darstellen.

Rechts: Die Besatzung eines Dornier Do 17F-Aufklärers bespricht einen bevorstehenden Einsatz mit dem Offizier (rechts). Obwohl Aufklärungsflüge nur selten auf Gegenwehr stießen, stellte jeder Einsatz im Krieg eine Anspannung dar, wie am Gesicht des Piloten (Mitte) zu erkennen ist.

tet, und die Flakgeschütze waren ziemlich ausgeleiert. Hitler sandte weiterhin Ersatz, obwohl der Ausbruch der Österreich- und Tschechienkrise seine Aufmerksamkeit auf sich zogen (sowie jene der Luftwaffe). Zwischen Juli und Oktober 1938 standen der Legion nur 70 Flugzeuge für ihre Einsätze am Ebro zur Verfügung. Zehn davon gingen durch Feindkontakt verloren. Man nützte jedoch die Gelegenheit, um neue Modelle wie die Bf 109E, He 111J oder Henschel Hs 126A im Feld zu testen. Die Ju 87 Stukas führten ihre Sturzflugangriffe bereits seit Februar 1938 durch, wobei es aber deutlich wurde, dass die Legion an Bedeutung verlor. Die letzten Einsätze erfolgten am 6. Februar 1939, als Franco nach Katalonien vorstieß. Am 26. März kapitulierten die Republikaner und übergaben Madrid.

Am 22. Mai 1939 hielt die Legion in Spanien ihre letzte offizielle Parade ab. Vier Tage später befanden sich bereits 5126 Offiziere und Mannschaften auf dem Seeweg nach Deutschland.
Mit ihnen befanden sich über 711 Tonnen an Ausrüstung und

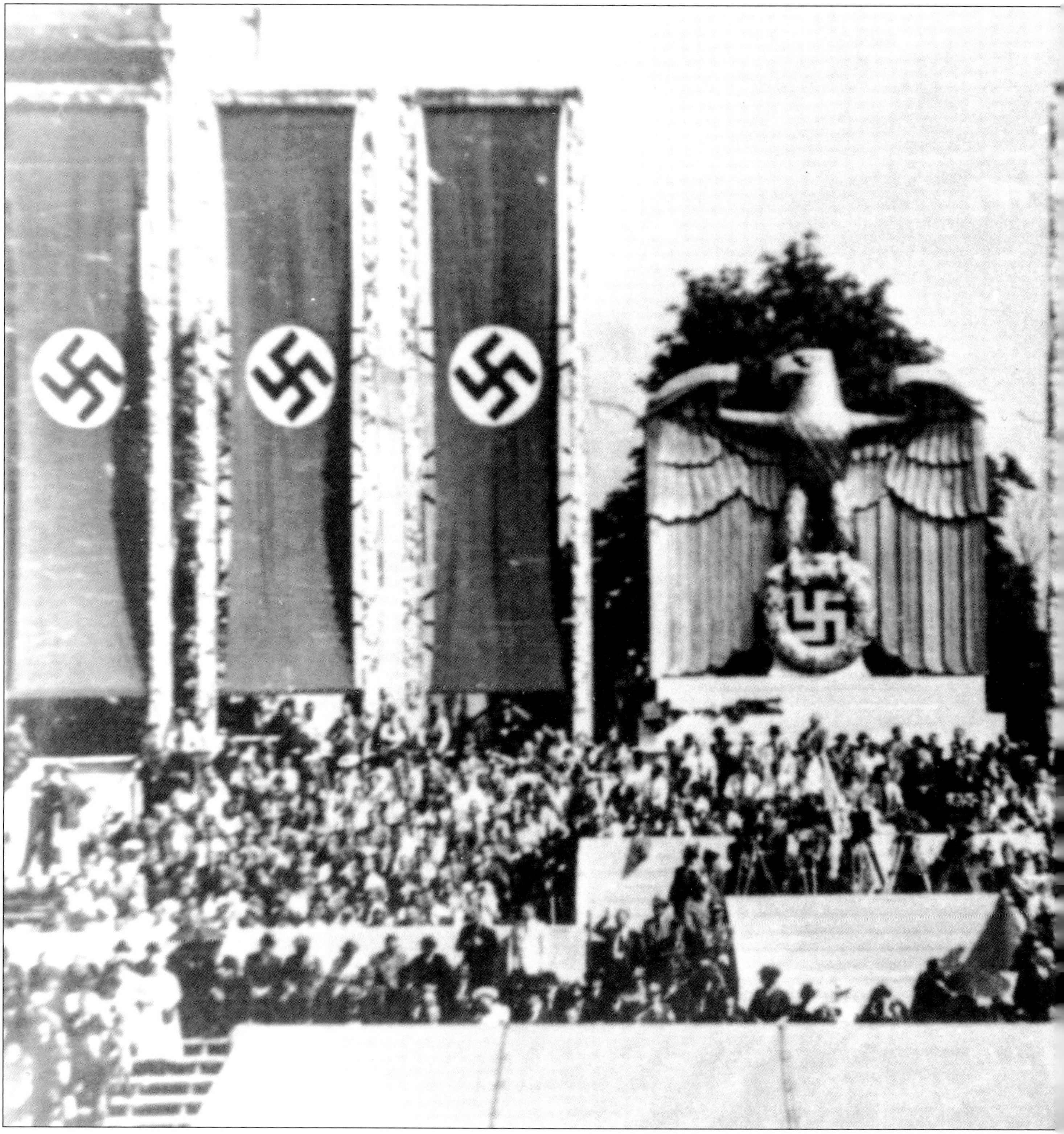

die meisten der verbliebenen Flugzeuge an Bord. Sie konnten stolz auf ihre Leistung seit Juli 1936 sein. In dieser Zeit hatten sie 386 feindliche Flugzeuge zerstört (313 davon im Luftkampf) und nur 232 eigene Maschinen (72 von diesen wurden durch den Feind vernichtet) verloren. Daneben hatten die Flugzeuge der Legion über 21.337 Tonnen an Bomben abgeworfen und so in nicht unwesentlichem Ausmaß zum Sieg der Nationalisten beigetragen. Aber auch 298 Angehörige der Legion mussten dabei ihr Leben lassen.

Die während dieser Zeit gemachten Erfahrungen waren aber von unschätzbarem Wert. Insbesondere die Überlegenheit der deutschen Flugzeuge der zweiten Generation stach ins Auge. Die Bf 109 hatte sich fast allen republikanischen Flugzeugen gegenüber als überlegen erwiesen, und die Ju 87 hatte sich einen hervorragenden Ruf aufgrund ihrer demoralisierenden Wirkung gemacht (vor allem nachdem die Flugzeuge und Bomben mit Sirenen ausgestattet wurden, um die Wirkung noch zu verstärken). Daneben waren bestehende Argumente zu Gunsten von Abfangjägern nachhaltig unterstützt worden. Als ein Ergebnis legten die Planer in der Luftwaffe mehr Nachdruck in die Produktion von Bombern und forcierten die Entwicklung von Schnellbombern (die Junkers Ju 88) sowie Langstrecken-Geleitjägern (die es

bereits in der Messerschmitt Bf 109 gab). Einige Zweifel gab es hinsichtlich der Fähigkeit von Bombern, Ziele am Boden zu zerstören - der Abwurf erfolgte häufig zu ungenau und die Bomben hatten keine besondere Sprengkraft. Es hatte sich auch deutlich gezeigt, dass Jäger wie die Bf 109 eine verbesserte Bewaffnung benötigten. Insgesamt gesehen waren die Erfahrungen aber positiv.

Zur selben Zeit war auch die Taktik neu definiert worden. Dies reichte von den »Ketten« für den Bodenangriff bis zu der Kampftechnik der »Vier-Finger«-Formation, wobei sich je zwei Piloten an den Flügeln gegenseitig im Luftkampf den Rücken deckten. Diese Technik wurde von Werner Mölders perfektioniert, als er die Jagdgruppe 88 in Spanien kommandierte. Dies erklärte bereits einen weiteren, wichtigen Vorteil im spanischen Feldzug: 1939 gab es in der Luftwaffe schon ein Kader von exzellent ausgebildeten und erfahrenen Männern. Sie sollten sich dann in noch wesentlich härteren Feldzügen bewähren. Spanien war nur der Auftakt für einen Krieg, der die Luftwaffe auf dem absoluten Höhepunkt sehen sollte, ehe ihr dramatischer Untergang folgte.

Oben: Teile der Legion Condor, die gerade aus Spanien zurückgekehrt sind. Sie marschieren in neuen Uniformen während der Siegesparade in Hamburg im Juni 1939 an Hermann Göring vorbei.

Links: Massen von speziell eingeladenen Gästen sammeln sich für die äußerst sorgfältig durchgeführte Siegesparade in Berlin, um die zurückkehrenden Krieger der Legion Condor am 6. Juni 1939 zu ehren.

Unten: Mitglieder der Hitlerjugend halten am 6. Juni 1939 während der Siegesparade in Berlin ovale Scheiben in die Höhe. Jede einzelne trägt den Namen eines Fliegers, der während seines Dienstes in der Legion Condor fiel.

K A P I T E L 3

BLITZKRIEG!

Die Theorien des Blitzkrieges, die in Deutschland entwickelt worden waren und in denen die Luftwaffe eine wichtige Rolle spielte, wurden 1939/40 in die Tat umgesetzt. Der Erfolg war überwältigend und die Luftwaffe bestand ihre Aufgabe mit Bravour.

Links: Mit laufendem Motor, geöffneten Luftbremsen und heulender Sirene löst ein Junkers Ju 87-Sturzkampfbomber seine Bomben unter dem Rumpf und den Flügeln während des Polenfeldzugs im September 1939.

Oben: Einsturz eines Hauses nach einem Luftangriff auf einen Vorort in der Nähe des Flugplatze Schipol bei Amsterdam am 10. Mai 1940. Solche Zerstörungen sollten die Bevölkerung demoralisieren und entmutigen.

Die Vorbereitungen für den deutschen Angriff auf Polen (der »Fall Weiß«) begannen bereits im April 1939 unmittelbar nach Hitlers Einmarsch in die Tschechoslowakei. Die Rolle der Luftwaffe bestand einfach darin, die Bodentruppen auf ihrem Vormarsch auf Warschau zu unterstützen. General Albert Kesselrings 1. Luftflotte war als Unterstützung von General Fedor von Bocks Heeresgruppe Nord eingeteilt. Dieser hatte den Auftrag, den polnischen Korridor nach Danzig von Pommern aus zu durchqueren und von Ostpreußen her auf Warschau, der polnischen Hauptstadt, vorzustoßen. General Gerd von Rundstedts

Oben: Während sich der Morgennebel im September 1939 auf einem polnischen Flugfeld lichtet, bewacht ein Posten der Luftwaffe einige Junkers Ju 87-Stukas. Das weiße Kreuz vor dem Cockpit diente der Wehrmacht in Polen als Erkennungszeichen.

Oben links: Bodenpersonal der Luftwaffe wartet darauf, an Bord von Schiffen zu gehen, die sie im September 1939 in polnische Häfen bringen. In Polen angelangt, umfassten ihre Aufgaben den Bau und die Verteidigung von Flughäfen wie auch die Wartung der Flugzeuge.

Unten links: Pilot und Schütze eines Dornier Do 17P-Aufklärers im Cockpit während des Polenfeldzugs. Die Männer posieren offensichtlich für die Kamera und befinden sich wahrscheinlich nicht einmal in der Luft.

Heeresgruppe Süd sollte hingegen auf ihrem Weg von Schlesien und der Slowakei nach Nordosten von General Alexander Löhrs 4. Luftflotte unterstützt werden.

Die Aufklärungsflüge begannen im Juli, um polnische Flugplätze zu erkunden. Man wollte nämlich die polnische Luftwaffe in einem vernichtenden Schlag zerstören und die Luftüberlegenheit der deutschen Luftwaffe sicherstellen. Alle deutschen Militärfachleute waren sich nämlich einig, dass die Beherrschung des Luftraums einen wesentlichen Faktor darstellt. Dadurch wäre es ein Leichtes, die Positionen des Feindes zu erkennen, »fliegende Artillerie« herbeizurufen, den Feind von seinem Nachschub abzuschneiden und die eigenen Truppen über den Luftweg zu versorgen. Der Feind hingegen würde dies nicht mehr können. Die polnische Luftwaffe verfügte 1939 über ca. 900 Flugzeuge (einschließlich der Reserve). Die Deutschen dagegen kamen auf 2152 eigene und 30 slowakische Maschinen, von denen die meisten moderner Bauart und im Kampf erprobt waren. Die Chancen für die erfolgreiche Umsetzung dieser Doktrin standen also ausgezeichnet.

Der »Fall Weiß« begann in den frühen Morgenstunden des 1. September 1939. Die Luftkampagne war anfänglich nicht besonders erfolgreich, da die meisten deutschen Bomber wegen Nebels und schlechter Sicht nicht starten konnten und so der Präventivschlag gegen die polnischen Flugplätze unterbleiben musste. Gegen Mittag hatten nur fünf oder sechs Gruppen ihre Mission erfüllen können und speziell ausgesuchte Flugplätze rund um Warschau zerstört. Dabei mussten sie feststellen, dass der Großteil der polnischen Luftwaffe sich verteilt hatte. Trotzdem kam es zu Angriffen mit Nahunterstützung durch Flugzeuge, und die deutschen Bodentruppen drangen tief ins westliche Polen ein.

Die Luftwaffe erobert die Lufthoheit

Die folgenden Tage sahen immer wieder denselben Ablauf: Die Bomber der Luftwaffe griffen Flugplätze an, konnten aber nur relativ wenige feindliche Flugzeuge zerstören. Die Wehrmacht selbst wurde mit Hs 123 versorgt. Am 3. September verkündete jedoch Göring selbstbewusst, dass seine Luftwaffe die Lufthoheit errungen hatte. In der Folge griffen sowohl Kesselring als auch Löhr verstärkt an, um die polnische Armee von ihren Nachschub- und Kommunikationslinien abzuschneiden.

Ein Fliegerangriff auf das polnische Eisenbahnnetz zwischen dem 2. und 5. September führte beispielsweise zu ungewollten Truppenansammlungen, die dann gnadenlos niedergebombt wurden. Bei einem weiteren Erfolg der Luftwaffe wurde die polnische 13. Division auf ihrem Weg zur Front praktisch ausgelöscht. Die Kavalleriebrigade Kresowa musste schwere Verluste hinnehmen, als sie aus dem Transportzug ausgeladen wurde. Zur selben Zeit erfolgten weiterhin Angriffe auf polnische Flugplätze, die die Leistungsfähigkeit der polnischen Luftwaffe stark beeinträchtigten. Durch den Verlust ihrer Stützpunkte sowie die Unterlegenheit ihrer Flugzeuge verlor diese immer mehr an Wirkung. Am 5. September gab es schon keine wichtigen Ziele mehr für die Luftwaffe.

Boden-Luft-Koordinationsprobleme

Aber der Feldzug war nicht frei von Problemen. Zwar konnten von Richthofens Stukas ihren Wert bei der Vernichtung der polnischen Verteidigung gemeinsam mit den gepanzerten Angriffsspitzen beweisen, aber die Koordination zwischen den Boden- und Lufttruppen war mangelhaft. Als Folge kam es zu einigen Missverständnissen.

Am 8. September wollten beispielsweise einige Panzer der 1. Panzerdivision die Weichsel überqueren. Plötzlich tauchten vor ihnen Stukas auf, die die Brücken zerstörten. Hilfstruppen der Luftwaffe wiederum, die üblicherweise rund 8 km pro Tag sicherten, um neue Flugfelder und Kommunikationsstellen zu errichten, sahen sich plötzlich mit der fünffachen Entfernung konfrontiert. Deshalb kam es unter anderem zu Engpässen beim Treibstoff, wodurch die Zahl der geflogenen Einsätze reduziert werden musste. Mit Ju 52 versuchte man deshalb, Treibstoffkanister für die vordersten Landebahnen heranzubringen.

Trotzdem erfolgte der Vormarsch in Polen in einem atemberaubenden Tempo. Als dann auch noch die Sowjetunion am 17. September von Osten her vorrückte - entsprechend jenem Pakt, den Hitler im Vormonat unterzeichnet hatte -, gab es nur mehr wenig Möglichkeiten für die Polen, um der Katastrophe einer endgültigen Niederlage zu entgehen. Ein Luftangriff auf Warschau am 25. September, der auf Hitlers Drängen stattfand, da dieser die Stadt nicht in die Hände der Sowjets fallen lassen wollte, brach schließlich den letzten Widerstand. Während die Reste der polnischen Luftwaffe ins neutrale Rumänien, Ungarn und Lettland geflogen wurden, stellte die polnische Regierung sämtliche militärischen Handlungen ein.

Die Verluste der Luftwaffe betrugen 285 Flugzeuge. 279 waren schwer beschädigt und 759 Angehörige der Luftwaffe gefallen oder vermisst. Sie konnte jedoch ihren Ruf als äußerst schlagkräftiger Arm der deutschen Kriegsmaschine erneut festigen. Davon profitierte das Dritte Reich vor allem im Westen, da Großbritannien und Frankreich am 3. September Deutschland den Krieg erklärt hatten, doch für die Dauer des Polenfeldzugs von einem Angriff absahen.

Oben: Die Deutschen müssen in Polen aber auch Verluste hinnehmen, wie dieser abgeschossene Heinkel He 111P-Bomber zeigt. Wie man sehen kann, hat es gegenüber dem Spanischen Bürgerkrieg einige Änderungen gegeben, vor allem der stark verglaste Bug.

Links: Ein Messerschmitt Bf 110-Langstreckenjäger wird von den Waffenmeistern für einen Angriff in Polen im September 1939 vorbereitet. Die Munitionsgurte werden sorgfältig überprüft, ehe die vier 7,9-mm-Maschinengewehre im Bug damit geladen werden. Dies ist jedes Mal ein mühsamer Vorgang.

Unten rechts: Ein Henschel Hs 123 A-Einsitzer-Sturzkampfbomber und Nahkampfflugzeug 1937 in der Vorkriegsbemalung. Die Hs 123A kamen 1939 in Polen als Teil der 4. Luftflotte zum Fronteinsatz. Obwohl sie bereits veraltet waren, erzielten sie einige Erfolge im Bodenangriff.

Die Politiker in London und Paris, die einen Angriff der Luftwaffe auf ihre Städte fürchteten, blieben vorsichtig. Da sich diese in ihren Augen nur unzureichend verteidigen ließen, beschränkten sie ihre eigene Luftwaffe darauf, Flugzettel über Deutschland abzuwerfen oder Schiffe in der Nordsee anzugreifen. Dabei mussten die alliierten Luftstreitkräfte beträchtliche Verluste hinnehmen. Am 18. Dezember 1939 gingen 14 von 24 Wellington-Bombern einer Staffel der Royal Air Force (RAF) im Kampf gegen zweimotorige Bf 110-Jagdflugzeuge verloren. Dies verstärkte die bereits vorhandenen Ängste vor der Stärke der deutschen Luftwaffe noch mehr. Dabei waren Görings Männer nach dem Polenfeldzug erschöpft und verfügten nur mehr über wenig Munition.

Pläne für den »Fall Gelb«

Aber Hitler war nicht jemand, der sich auf seinen Lorbeeren ausruhte. Bereits am 27. September verkündete er seine Absicht, sofort im Westen loszuschlagen, um die Gunst der Stunde zu nützen. Unter dem Codenamen »Fall Gelb« war ein Vorstoß durch die neutralen Niederlande geplant, ehe man in Richtung Süden vorstoßen wollte, um Paris einzunehmen und die Maginot-Linie von hinten her aufzurollen. Einmal mehr bestand die Rolle der Luftwaffe darin, die Lufthoheit zu erringen und den Vorstoß am Boden zu unterstützen. Daneben war aber auch der Einsatz von Luftlandetruppen geplant, um Schlüsselstellungen wie Brücken und Befestigungen in der Stoßrichtung der Panzer zu besetzen. Dadurch sollten feindliche Sperren verhindert werden. Als Tag des Angriffs war ursprünglich der 12. November festgesetzt, aber mehrere Faktoren wie schlechtes Wetter, Produktionsverzögerungen und Widerstände innerhalb der Generalität führten zu einer Verschiebung. Am 27. Dezember bestand dann Hitler darauf, den Angriff zwischen dem 9. und 14. Januar 1940 zu starten, und lange Zeit schien dies dann auch der Fall zu sein.

Der »Sichelschnitt«

Am 10. Januar kam jedoch ein Messerschmitt Bf 108-Verbindungsflugzeug auf dem Weg von Münster nach Köln beträchtlich vom Kurs ab und musste bei Mechelin-sur-Maas im neutralen Belgien notlanden. An Bord befand sich Major Helmut Reinberger, der entgegen strikter Anweisungen Schlüsselunterlagen des »Falles Gelb« mit sich führte. Trotz verzweifelter Versuche, die verräterischen Unterlagen zu verbrennen, gelang dies nicht vollständig. Aus den restlichen Dokumenten ging aber Hitlers Absicht, im neutralen Belgien einzumarschieren, deutlich hervor. Hitler war außer sich vor Wut, als er von diesem Vorfall erfuhr. Es gibt zwar keine direkten Beweise, dass er diesen Plan sofort fallen ließ, aber immerhin konnte so General Erich von Manstein, der Stabschef der Heeresgruppe A, einen Alternativplan unterbreiten. Dieser war als »Sichelschnitt« bekannt und sah einen Angriff durch die Niederlande vor, um die alliierten Armeen im Norden zu binden.

Inzwischen sollten Panzerdivisionen die angeblich »undurchdringlichen« Ardennen durchqueren, die Maas überschreiten und durch das Küstenland am Ärmelkanal hinter die feindlichen Streitkräfte vorstoßen. Abgeschnitten von ihren Reserven und Nachschublinien würden die britischen und französischen Armeen in Belgien eingekesselt und zur Kapitulation gezwungen werden. Es war ein kühner Plan, der im Februar 1940 offiziell angenommen wurde.

Ehe er jedoch in die Tat umgesetzt werden konnte, stimmte Hit-

Oben: Ein Übungstorpedo (an seiner bemalten Spitze zu erkennen) wird sorgfältig an einem Heinkel He 115B-Wasserflugzeug bei einem Testflug 1940 befestigt. Die He 115 wurde in Norwegen von beiden Seiten eingesetzt (die Norweger hatten Vorkriegsmodelle gekauft) - was zu einiger Verwirrung führte.

Oben links: Ein Luftwaffenschütze der Fliegerabwehr im April 1940, dessen Maschinengewehr (MG 34) bereit steht. Er wartet auf feindliche Angriffe, während Truppen und Nachschub in einem Hafen in Südnorwegen ausgeladen werden. Der deutsche Erfolg bei der Eroberung Norwegens hing vom Seetransport ab.

Rechts: General Albert Kesselring auf einer Aufnahme aus dem Jahre 1936, als er Stabschef der Luftwaffe war. Als Einsatzkommandant befehligte er die Luftflotte 1 in Polen und die Luftflotte 2 in den Niederlanden und während der Schlacht um England.

ler einem Einmarsch in Dänemark und Norwegen zu. Dies wurde als unbedingt notwendig erachtet, um einer alliierten Besetzung dieser Länder zuvorzukommen. Im Falle Norwegens spielten aber auch die für die Deutschen kriegswichtigen Eisenvorkommen eine nicht unwesentliche Rolle. Unter dem Codenamen »Weserübung« war ein kurzer und entschlossener Sturmangriff geplant, um den Weg für den Hauptangriff auf Frankreich und die Niederlande zu bereiten, ohne dabei wertvolle Ressourcen zu vergeuden. Der Beitrag der Luftwaffe bestand in der Zerstörung der relativ schwachen dänischen und norwegischen Luftstreitkräfte. Danach sollten Luftlandetruppen wichtige Brücken und vor allem Flugfelder zur Unterstützung der Bodentruppen besetzen. Deshalb lag das Hauptaugenmerk auch auf der Bereitstellung von Transportstaffeln, gesichert durch Langstreckenbomber und Jagdflugzeuge - alles in allem mehr als 700 Flugzeuge.

Der Luftangriff auf Skandinavien

Der Angriff begann am 9. April 1940. In Dänemark besetzten Fallschirmjäger den Flughafen von Aalborg im nördlichen Jütland, um Infanterieeinheiten einzufliegen. Eine Staffel von 28 He 111 warf Flugblätter über Kopenhagen ab. Dies genügte, um die Dänen derart einzuschüchtern, dass sie noch vor Tagesende kapitulierten. Gleichzeitig landeten Bf 110 in Fornebu außerhalb Oslos, um den Flughafen für die Ju 52 zu sichern, mit denen Infanteristen eingeflogen wurden. Fallschirmjäger eroberten Sola in der Nähe von Stavanger. Abgeschlossen wird der erfolgreiche Überfall durch amphibische Landungen bei Trondheim, Bergen und Kristiansund. Die Luftwaffe vernichtete in der Zwischenzeit die norwegischen Luftstreitkräfte. An einem einzigen Tag gehen

Oben: Männer des Reichsarbeitsdienstes (RAD) helfen bei der Reparatur und dem Ausbau eines Flugfelds bei Oslo-Fornebu im April 1940. Diese Männer tragen ein Holzsegment einer Beplankung, mit der die Startbahn verlängert werden soll, damit auch die zweimotorigen Bf 110 dort starten und landen können.

Rechts: Während die Landebahn in Oslo-Fornebu mühsam erweitert wird, überwachen Offiziere den Bau riesiger Hangars aus Holz. Die Luftwaffe war sich bewusst, dass mit Einbruch des Winters Flugzeuge wie die Bf 110 unter Dach sein mussten, vor allem wenn Wartungsarbeiten anfielen.

Oben rechts: Männer des RAD transportieren Bomben zu einer einsatzbereiten Heinkel He 111.

Unten: Die Verlängerung der Landebahn in Oslo-Fornebu hieß auch, riesige Felsbrocken in der unmittelbaren Umgebung der Landebahn zu entfernen. Hier mühen sich Männer des RAD ab, um den Boden einzuebnen, wobei sie mit einem Flaschenzug schwere Hindernisse hochheben.

Rechts: Wachen der Luftwaffe betrachten am Flugfeld Wartungsarbeiten an einem Messerschmitt Bf 109E-Jagdflugzeug, höchstwahrscheinlich am ausgebauten Luftwaffenstützpunkt in Oslo-Fornebu.

Oben: Eine der Hauptaufgaben der Luftwaffe in jedem Feldzug besteht in der Unterbrechung der feindlichen Kommunikationslinien. Hier betrachten zwei Heeresoffiziere das Werk der Luftwaffe, nachdem die Kämpfe in Frankreich im Juni 1940 beendet sind. Bomben haben diese Schienen unbrauchbar gemacht und so alliierte Verstärkungen unterbunden.

Links: Junkers Ju 87-Stukas kehren von einem Angriff gegen feindliche Stellungen in Frankreich im Mai 1940 zurück. Die Tatsache, dass sie in so enger Formation fliegen können, weist auf einen fehlenden Widerstand der Alliierten in der Luft hin. Trotzdem ist die veraltete Bauweise der Stukas bemerkenswert - das fixe Fahrgestell macht das Flugzeug deutlich langsamer. Durch die deutsche Lufthoheit spielte dies jedoch keine große Rolle.

da vom 15. April bis zum 2. Juni alliierte Angriffe auf Narvik den Einsatz von Ju 52 erforderten, um die isolierte deutsche Garnison zu verstärken. Narvik fiel am 28. Mai an die Alliierten, musste dann aber infolge des sich abzeichnenden Desasters in Frankreich wieder aufgegeben werden. Bis zu diesem Zeitpunkt hatte die deutsche Luftwaffe 260 Flugzeuge in Skandinavien verloren, einschließlich 86 wichtiger Transportflugzeuge.

Die Luftwaffe in Frankreich

Der »Fall Gelb« startete am 10. Mai 1940 und verlief nach Plan. Bei Tagesanbruch griffen 500 Bomber der Luftwaffe 47 Flugplätze in Nordfrankreich, 15 in Belgien und zehn in den Niederlanden an und verursachten gewaltige Schäden. Diese gehörten zu einer Streitkraft von 3668 Flugzeugen, die gegen die alliierte Luftflotte von 2600 Maschinen aufgestellt worden war. Bis zum Ende des Tages hatten Görings Flieger 83 belgische, 62 niederländische und 65 französische Flugzeuge vernichtet. Die dadurch errungene Luftüberlegenheit wirkte sich äußerst vorteilhaft aus.

Zur selben Zeit besetzten Luftlandetruppen die Brücken über den Fluss Waal und die Flugplätze in der Nähe von Den Haag. So wurde die niederländische Mobilisierung unterbunden. In einem waghalsigen Unternehmen setzten Gleiter Pioniere an der Spitze des belgischen Forts Eben Emael ab, welches den Weg nach Maastricht sicherte. Eben Emael fiel am 11. Mai und die Panzereinheiten konnten tief nach Belgien vorpreschen. Dies ließ die Alliierten glauben, dass der ursprüngliche »Fall Gelb« in die Tat umgesetzt werden würde. Wie von Manstein vorausgesehen hatte, verlegten sie den Großteil ihrer mobilen Streitkräfte in den Norden, um der Bedrohung zu begegnen. In der Zwischenzeit bewegte sich General von Kleists Panzergruppe von sieben Divisionen langsam durch die »undurchdringlichen« Ardennen. Infanterietruppen wurden in Fieseler Fi 156 Storch-Leichtflugzeugen nach vorne gebracht, um Straßenkreuzungen und Brücken zu besetzen.

Am 12. Mai standen die Angriffstruppen bereits an der Maas. Sie mussten nur noch den Fluss überqueren und konnten dann nach Westen vorgehen, um die Sichelschnittbewegung durchzuführen. Der Übergang bei Montherme, Dinant und Sedan erwies sich jedoch alles andere als einfach. Die Unterstützung der Luftwaffe war nötig. Bei Sedan, wo sich General Heinz Guderians XIX. Panzerkorps für die Überquerung am 13. Mai bereit machte, öffnete ein vierstündiger Blitzangriff von Stukas und Horizontalbombern den Weg für die Pioniere und die Infanterie, um Brückenköpfe zu sichern und Pontonbrücken für die Panzer und Artillerie zu errichten.

Es war ein Zusammenspiel aller Waffengattungen, bei der aber die Luftangriffe die französischen Verteidiger derart demoralisier-

Unten: Bombenschäden in der französischen Stadt Sedan, aufgenommen im Juni 1940. Sedan war der Schauplatz von Guderians Überquerung der Maas im Mai - ein Eckpfeiler bei der Ausführung des Sichelschnittplans. Die Luftwaffe hatte bedeutenden Anteil bei der Durchführung dieses Angriffs. Das Ergebnis ihres Eingreifens ist deutlich zu sehen.

Links: Walter Oesau auf einer Aufnahme im August 1940 nach der Verleihung des Ritterkreuzes des Eisernen Kreuzes (er trägt es um den Hals). Bis zu diesem Zeitpunkt hatte Oesau 20 feindliche Flugzeuge im Kampf abgeschossen, einige davon im Spanischen Bürgerkrieg.

Rechts: Ein Fieseler Fi 156 Storch-Kurzstart- und Kurzlande-Leichtflugzeug fliegt über eine vorrückende Panzerdivision im Mai 1940. Der Vorteil solch eines Flugzeugs ist offensichtlich: der Pilot kann den Vormarsch beobachten und etwaige Hindernisse an die Bodenkommandanten melden. Der Storch wurde von Erwin Rommel sehr geschätzt.

Unten: Ein Heinkel He 100D-Einsitzer-Jäger in den vollen Farben der Luftwaffe über dem Ärmelkanal 1940. Bei dieser Aufnahme handelt es sich um reine Propaganda. Man wollte den Briten weismachen, dass ein neues Flugzeug eingesetzt wird, um sie über die Anzahl der eingesetzten Luftwaffe-Einheiten zu täuschen. Die He 100 hatte jedoch keine Chance mehr, da die Bf 109 als Standardjäger bestimmt worden war.

ten, dass diese in Panik gerieten. Am 13. Mai flog allein das II. Fliegerkorps insgesamt 1770 Einsätze zur Unterstützung Guderians. Als dann die Alliierten schließlich die Gefahr erkannten und ihre Flugzeuge zur Zerstörung der Brücken über die Maas losschickten, folgten weitere Kampfhandlungen. Am 14. Mai konnten so durch kombiniertes Feuer der Flugabwehr und der Jagdflugzeuge 48 britische und sechs französische leichte Bomber zerstört werden.

Die Ereignisse weiter nördlich nagelten die alliierten Armeen fest. Am 14. Mai wurde Rotterdam bombardiert, wobei 800 Zivilisten den Tod fanden. Die Niederländer kapitulierten daraufhin, während die deutschen Bodentruppen ihren Vormarsch durch Belgien fortsetzten. Kleists Panzereinheiten gelangten so in den Rücken der alliierten Armeen, ohne auf stärkeren Widerstand zu stoßen. Guderian erreichte am 20. Mai die Küste bei Abbéville und rückte dann nach Norden vor, um den Alliierten in den Rücken zu fallen. Diesem Druck aus dem Süden und Norden konnten die Alliierten nichts entgegensetzen und zogen sich an die Küste bei Dünkirchen zurück.

Göring sah nun seine Chance gekommen, um die Überlegenheit der Luftwaffe zu demonstrieren.

Er überredete Hitler, die Panzer anzuhalten und seinen Bombern die Vernichtung des eingeschlossenen Feindes zu befehlen. Zwischen dem 24. Mai und 2. Juni folgte über Dünkirchen ein Bom-

berangriff nach dem anderen. Dort stießen sie jedoch auf die Spitfire der RAF, die von Südengland aus operierten (Göring stationierte an die 500 Jagdflugzeuge und 300 Bomber gegen die Alliierten bei Dünkirchen, obwohl viele Einheiten mechanische Probleme hatten). Heftige Luftkämpfe führten zum Verlust von mehr als 100 Maschinen der Luftwaffe und lenkten die Bomber erfolgreich ab. Auf diese Weise gelang es, über 336.000 alliierte Soldaten von der Küste zu evakuieren. Bis dahin hatte auch Belgien kapituliert.

Dennoch konnten die Deutschen einen gewaltigen Sieg erringen. Das Gros der alliierten Formationen war vernichtet und der Weg nach Paris frei. Erneut zeichnete sich die Luftwaffe dabei aus. Sie griff alliierte Einheiten auf ihrem Rückzug an und unterbrach im Hinterland die Nachschub- und Kommunikationslinien des Feindes.

Am 14. Juni fiel Paris und acht Tage später ersuchte Frankreich um Waffenstillstand. Die Kämpfe endeten offiziell am 24. Juni. Die Luftwaffe hatte bis dahin 1428 Flugzeuge verloren - rund 28 Prozent der seit 10. Mai eingesetzten Maschinen. 1722 Piloten und Besatzungsmitglieder kamen dabei ums Leben. Es war dies ein relativ geringer Preis für einen Feldzug, in dem die Deutschen Belgien, Luxemburg und die Niederlande eroberten, Frankreich zur Kapitulation zwangen und Großbritannien scheinbar verteidigungslos machten. Der nächste logische Schritt - die Invasion Großbritanniens - schien nur mehr eine Frage der Zeit zu sein.

KAPITEL 4

ERSTER RÜCKSCHLAG – DIE LUFTSCHLACHT UM ENGLAND

Göring war überzeugt, dass seine Flieger die Royal Air Force als Auftakt zur Invasion Englands vernichten würden. Aber verfehlte Führungsentscheidungen und die Hartnäckigkeit der britischen Piloten stoppten die Luftwaffe.

Links: Luftwaffenoffiziere bei der Betrachtung von Aufnahmen des Hafens von Southampton am 24. September 1940. Ihr Ziel ist eine Flugzeugfabrik.

Oben: Ein Heinkel He 115-Wasserflugzeug greift ein britisches Handelsschiff im Ärmelkanal im Juli 1940 an. Die RAF ließ sich durch solche Angriffe jedoch nicht aus der Reserve locken.

Vorkriegsstudien der Luftwaffe hatten ergeben, dass ein Luftangriff auf Großbritannien nur dann einen strategischen Wert hätte, wenn Luftstützpunkte in Nordfrankreich und den Niederlanden verfügbar wären. Die meisten wichtigen Ziele jenseits des Ärmelkanals lagen nämlich außerhalb der Reichweite der deutschen Flugzeuge (vor allem der Jagdflugzeuge). So konnte die Luftwaffe gemeinsam mit der Kriegsmarine höchstens eine Wirtschaftsblockade durchführen. Und genau dies befahl Hitler auch Göring im September 1939, als der Krieg ausbrach. Während der gesamten Phase des »Sitzkrieges« führten die Luftwaffe und die Kriegsmarine Verminungseinsätze in der Nähe britischer Häfen durch, griffen Küstenkonvois an, die in ihre Reichweite kamen, und suchten nach Teilen der britischen Flotte entweder in den Häfen oder auf hoher See.

Das Resultat war nicht besonders eindrucksvoll, obwohl im Verlauf dieser Kampagne die Luftwaffe allmählich Aufgaben über-

nahm, die zuvor im Bereich der Kriegsmarine gelegen waren. Deren Wasserflugzeuge und Flugboote hatten sich nämlich schon bald als unzureichend erwiesen. Im Frühjahr 1940 begann die Luftwaffe beispielsweise damit, umgebaute Focke-Wulf Fw 200 »Condor«-Langstreckenflugzeuge für Aufklärungsflüge und Angriffe auf hoher See einzusetzen. Diese konnten bis zu 9800 kg an Bomben tragen und hatten eine Reichweite von 4300 km. Die viermotorigen Condor entwickelten sich bald zur »Geißel des Atlantiks«, sie griffen Handelsschiffe an oder dirigierten U-Boote in deren Richtung. Sie waren aber zahlenmäßig zu unbedeutend, um eine entscheidende Wirkung zu erzielen. Wieder einmal kam eine richtige Alternative zu spät.

Die ersten Luftangriffe gegen England

Die strategische Situation änderte sich im Juni 1940, als die deutschen Panzer sowohl Frankreich als auch die Niederlande überrannt hatten. Die Luftwaffe verfügte nun über Luftbasen, die nur 20 Minuten Flugzeit von Südengland entfernt lagen. Zur selben Zeit konnten Flugzeuge von Dänemark und Norwegen aus Ostengland erreichen und so die Bedrohung verstärken. Bereits am 5. Juni starteten rund 50 He 111, um Flugplätze und Militäranlagen in Südengland zu vernichten. Diese Einsätze hielten knapp eine Woche an, meistens des Nachts. Dabei testeten die Bomber ihr streng geheimes Funkleit-Navigationssystem »Knickebein«, dessen Entdeckung und Bekämpfung einen frühen, wenn auch verborgen gebliebenen Sieg der britischen Wissenschaftler darstellte.

Aber das war nicht das, was Göring geplant hatte. Am 30. Juni gab er eine »Allgemeine Weisung für den Einsatz der Luftwaffe gegen England« heraus. Darin betonte er die Notwendigkeit einer engen Zusammenarbeit mit der Kriegsmarine bei der Durchführung der Blockade. Erstmals erwähnte er aber auch die Priorität der Zerstörung der Royal Air Force (RAF) und der mit ihr ver-

Oben: Eine schöne Aufnahme eines Heinkel He 111H-Bombers des Kampfgeschwaders 26 auf seinem Anflug auf die englische Küste im August 1940. Das Band um den Rumpf dient der Erkennung, während die Buchstaben EN das jeweilige Flugzeug und die Staffel, der es angehört, bezeichnen. Der Code des Geschwaders - in diesem Fall »1H« - steht vor dem Kreuz.

Oben rechts: Nahaufnahme eines Bordschützen im stark verglasten Bug der Heinkel He 111H lässt gut erkennen, wie exponiert dessen Lage war. Seine Waffe ist ein 7,9-mm-Maschinengewehr (MG 15) auf einem speziellen Aufsatz. Gegen feindliche Jagdflugzeuge, vor allem den englischen Spitfires und Hurricanes der RAF, zeigte sie sich jedoch äußerst verwundbar. Die He 111H-Serie war bei ihren Besatzungen sehr beliebt, da sie auch bei voller Beladung leicht zu handhaben war und trotzdem stabil und manövrierfähig blieb. Die He 111 war von Anfang an sowohl als Bomber als auch als zivile Transportmaschine konzipiert. Die Nazis waren nämlich stets darauf bedacht, bei der Konstruktion von Flugzeugen auch den militärischen Aspekt zu berücksichtigen. So gelangten bereits in den Dreißigerjahren Linienflugzeuge auf den Markt, deren kommerzieller Wert mehr als zweifelhaft war.

Unten rechts: Bodenpersonal der Luftwaffe bemalt das Seitenruder einer Heinkel He 111 mit einem Siegessymbol. In diesem Fall der Zerstörung eines britischen U-Bootes. Solche Erfolge waren selten - es war nämlich schwierig, ein U-Boot auf der Wasseroberfläche zu treffen. Dies erklärt auch den zufriedenen Gesichtsausdruck dieser Männer.

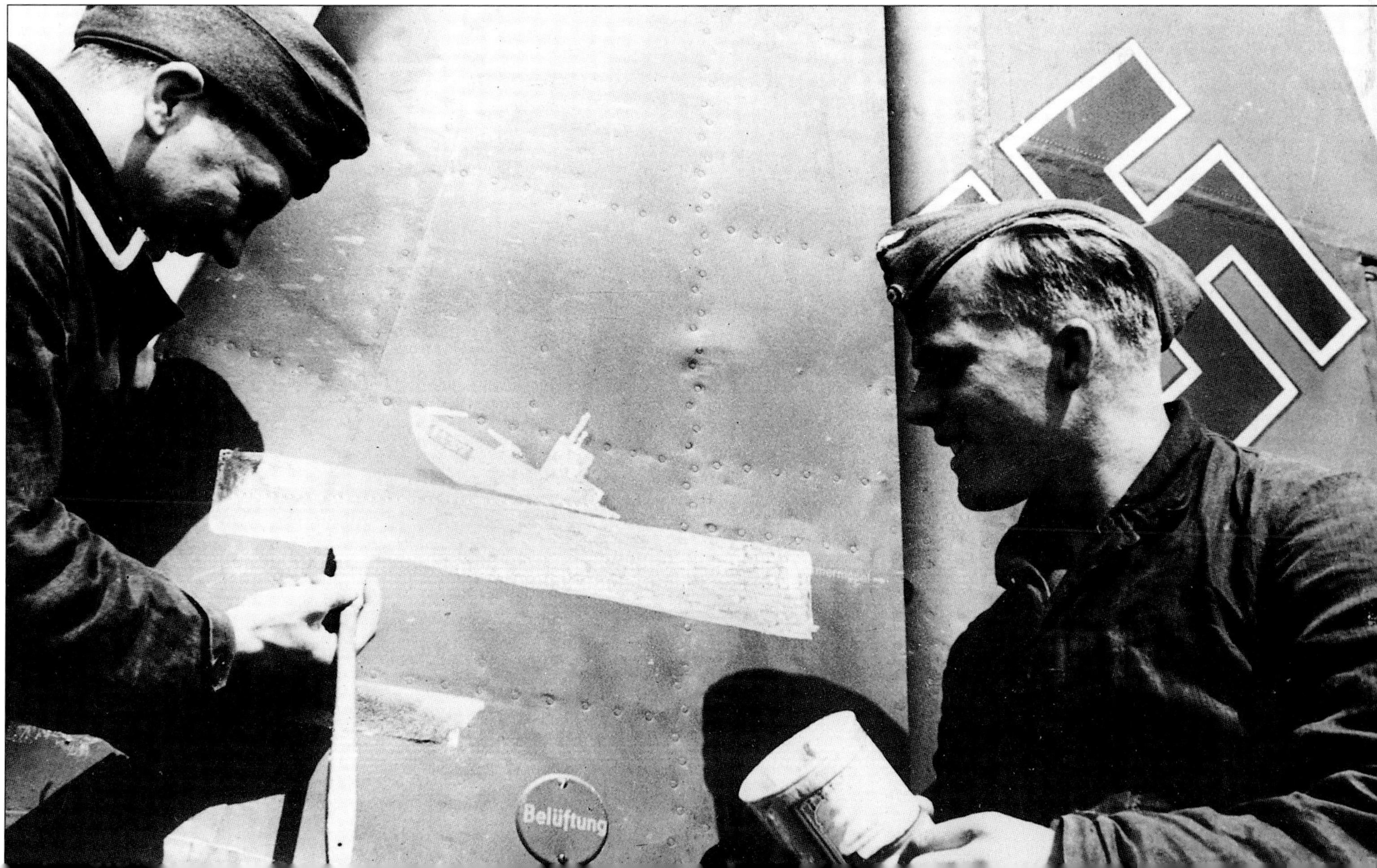
Belüftung

Oben: Deutsche Bomben stehen im Sommer 1940 bereit für den Einsatz gegen England. Hier handelt es sich um SC-1000-Bomben. Sie sind bereits mit den Bügeln versehen, mit deren Hilfe sie in die Heinkel He 111 oder Junkers Ju 88 geladen werden.

Unten: Wie sämtliches Bodenpersonal auf der Welt erbauen sich diese Männer im Sommer 1940 daran, Botschaften auf die für den Abwurf vorgesehenen Bomben zu schreiben. Es handelt sich hier um SC-500-Sprengbomben, die in die im Hintergrund stehende Junkers Ju 87 geladen werden.

bundenen Flugzeugindustrie. Diese Anweisungen wurden durch den Generalstab der Luftwaffe am 11. Juli in Befehle umgesetzt. Die Luftflotte 5 (unter dem Kommando von General Hans Jürgen Stumpff) wurde nach Norwegen verlegt, die Luftflotte 2 (unter General Albert Kesselring) nördlich und die Luftflotte 3 (unter General Hugo Sperrle) südlich von Le Havre. Alle drei Luftflotten sollten Angriffe fliegen, um eine Reaktion der RAF auszulösen. So wollte man die britischen Flugzeuge zerstören und den Weg für eine Blockade bereiten.

Anfangsphase der Schlacht um England

Den ganzen Juli und die ersten Augusttage zog sich die Anfangsphase jener Auseinandersetzung hin, die als Schlacht um England (Battle of Britain) bekannt werden sollte. Sie brachte aber nicht den gewünschten Erfolg. Kleine Bombergruppen, die Tag und Nacht ihre Einsätze flogen, durchstießen zwar die britische Verteidigung und bombardierten ausgewählte Ziele. Größere Formationen griffen unterdessen, eskortiert von Jagdflugzeugen, Konvois im Ärmelkanal an. Die deutschen Flieger bezeichneten dies als »Kanalkampf«, konnten aber die RAF nicht zwingen, sich einem Entscheidungskampf zu stellen.

Luftmarschall Sir Hugh Dowding, der das Fighter Command (Jägerkommando) der RAF kommandierte, weigerte sich, seine wertvollen Spitfire und Hurricane einzusetzen, wenn nicht mindestens ein Konvoi angegriffen wurde. Dabei achtete er aber streng darauf, in keine Falle zu geraten. In den sechs Wochen seit dem 1. Juli flog die Luftwaffe über 7000 Bombereinsätze und warf 1930 Tonnen Bomben ab. Das Ergebnis war aber bescheiden. Zwar wurden an die 71.123 Tonnen an Handelsschiffen versenkt, aber die Luftwaffe verlor im Vergleich zu den 142 Flugzeugen der RAF 279 Maschinen.

Am 1. August griff Hitler ein, um die Prioritäten des Luftangriffs zu ändern. Er bereitete nämlich bereits die »Operation Seelöwe« vor, eine amphibische Invasion Englands. Er wusste aber, dass ein solcher Angriff zum Scheitern verurteilt war, wenn die beteiligten Streitkräfte nicht zumindest im Invasionsbereich die Hoheit in der Luft und auf dem Meer besaßen. Die Führerweisung Nr. 17 über die »Führung des Luft- und Seekrieges gegen England« befahl der Luftwaffe, die Royal Air Force mit allen ihr zur Verfügung stehenden Mitteln zu vernichten. Dabei sollten vorwiegend »fliegende Einheiten, deren Bodeneinrichtungen und Versorgungsorganisationen« angegriffen werden. Innerhalb von 24 Stunden wurde diese Weisung in einen Luftwaffenplan mit der Bezeichnung »Adlerangriff« umgesetzt.

Dieser sah vor, dass die Luftflotten in Frankreich und den Niederlanden fünf Tage lang Flugzeuge, Flugplätze, Radarstationen und Bodeneinrichtungen in einem Halbkreis mit einem Radius von rund 96 km westlich und südlich von London angreifen. Die nächsten drei Tage würde dieser Radius dann auf 48 km verkürzt werden, um dann die letzten fünf Tage sich auf London zu konzentrieren. Ein Angriff der Flugzeuge aus Norwegen und Dänemark gegen Ostengland sollte die britische Verteidigung zusätzlich aufteilen.

Göring und seine Kommandanten hegten keine Zweifel, dass sie Dowding so zwingen könnten, alle seine Kräfte in die Schlacht zu werfen. Dann, so waren sie überzeugt, würde die Luftwaffe die RAF mit Leichtigkeit besiegen. Hinter ihren Berechnungen stand eine gewisse Logik: am 10. August bestanden die drei Luftflotten aus insgesamt 3196 Flugzeugen (von denen 2485 voll einsatzfähig waren). Die RAF in Südostengland (die Gruppe Nr. 11 unter Vizeluftmarschall Keith Park) brachte es nur auf 570 Spitfire und Hurricane (von denen 467 einsatzbereit waren). Dazu kamen noch einige veraltete Fulmar und Defiant sowie an die 500 Hampden, Wellington und Whitley des Bomber Command, die nur von geringem Wert waren. Zahlenmäßig verfügten die Deutschen über doppelt so viele Jagdflugzeuge wie die RAF. Insgesamt gesehen lautete das Verhältnis sogar 6 : 1. Außerdem war die britische Luftabwehr schwach ausgerüstet. Es standen bloß 1200 schwere und 650 leichte Geschütze für die Verteidigung Londons und der Häfen am Ärmelkanal zur Verfügung. Die Deutschen schienen ein leichtes Spiel zu haben.

Aber die Briten verfügten über einen wesentlichen Vorteil. Ob-

Oben: Eine Formation von Junkers Ju 87-Stukas auf einer Aufnahme aus dem Sommer 1940 über Nordfrankreich. Die Leistungen der Stukas in der Luftschlacht um England zeigten, wie veraltet diese Flugzeuge im Kampf gegen moderne Abfangjäger waren. Als die Verluste im August rapid zunahmen, wurden sie aus dem Kampf genommen.

Unten: Ein General der Luftwaffe (Mitte, mit weißem Revers) inspiziert die Waffenmeister des Bodenpersonals, die eine 500-kg-Bombe für eine Heinkel He 111 vorbereiten. Das Ziegelbett auf dem Bombenkarren stellt eindeutig eine Improvisation dar.

Oben: Messerschmitt Bf 109-Jagdflugzeuge stehen auf einem Flugplatz in Nordfrankreich im Sommer 1940 bereit. Sie gehören zum Jagdgeschwader 53, erkennbar an dem Herzass an der Seite der Motorabdeckung.

Unten: Momente der Entspannung bei diesen Piloten des Jagdgeschwaders 3, wie sie auch die Flieger der RAF auf ihren Flugfeldern in Südengland genießen. Sie warten auf ihren nächsten Einsatz. Der Pilot, der auf den Stufen sitzt, ist Unteroffizier Scheef (Sommer 1940).

Oben: Während Adolf Galland (links) zusieht, wird Walter Oesau Hitler vorgestellt. Oesau nimmt gerade die Schwerter zu seinem Ritterkreuz als Anerkennung für seinen 40. Abschuss entgegen. Galland hat zuvor ebenfalls dieselbe Auszeichnung erhalten.

Unten: Waffenmeister der Luftwaffe laden sorgfältig einen Gurt 7,9-mm-Munition in ein Maschinengewehr an der Bugseite eines deutschen Jagdflugzeugs. Diese Sorgfalt ist notwendig, damit der Pilot nicht mitten im Kampf durch eine Ladehemmung unliebsam überrascht wird.

Oben: Adolf Galland, eines der Fliegerasse in der Luftschlacht um England. Auf dieser Aufnahme ist er im Rang eines Obersten zu sehen und trägt das Ritterkreuz mit Eichenlaub und Schwertern.

Unten: Unteroffizier Buchholz arbeitet an Sochatzys »Tizi« im Sommer 1940. Er überprüft sie nochmals auf ihre sofortige Einsatzbereitschaft. Er ist verantwortlich dafür, dass alle Teile des Flugzeugs überprüft werden, einschließlich des Motors, des Flugwerkes und der Bordkanonen.

Oben: Staffelkapitän Kurt Sochatzy (rechts) vom Jagdgeschwader 3 im August 1940 mit seinem Mechaniker, Unteroffizier Buchholz, vor seiner Messerschmitt Bf 109F, »Tizi« genannt. Der seltsam aussehende Gurt um Sochatzys Unterschenkel enthält Munition für seine Leuchtsignalpistole, die bei einem Abschuss über dem Kanal lebenswichtig für ihn sein kann. Viele Piloten der Luftwaffe trugen auch Schwimmwesten, wenn sie Einsätze über dem Meer flogen.

Oben: Major Walter Oesau (Mitte) hört angespannt zu, während sich General Osterkamp (links) und das Fliegerass Werner Mölders (rechts) unterhalten. Oesau trägt das erst vor kurzem verliehene Ritterkreuz.

Unten: Ein »Adlertreffen«: drei Ritterkreuzträger auf einer Aufnahme im Sommer 1940. Links im Bild ist Oberstleutnant Leie zu sehen, mit Major Oesau in der Mitte und Leutnant Mayer rechts.

wohl die Gruppe Nr. 11 schwach wirkte, so kämpfte sie vorwiegend über eigenem Boden. Dies bedeutete, dass jeder Pilot, der abgeschossen wurde und überlebte, wieder einsatzbereit war. Außerdem konnte Park Verstärkung von den anderen Jagdfliegergruppen anfordern (Nr. 10 in Westengland und Nr. 12 nördlich von London). Diese Stützpunkte befanden sich außerhalb der Reichweite der Luftwaffe oder standen nicht auf Görings Zielliste. Der letzte und vielleicht wichtigste Vorteil war das Radarsystem der Briten, das die gesamte Süd- und Ostküste abdeckte. Dadurch konnten sie Angriffe der Luftwaffe schon früh erkennen und ihre Jagdflugzeuge gezielt und effektiv einsetzen.
Diese Vorteile kamen mit Fortdauer der Luftschlacht immer mehr zum Tragen, obwohl die RAF an einem gewissen Punkt knapp vor der Niederlage stand. Göring entschied sich ursprünglich für den 10. August als Beginn des »Adlerangriffs«, aber schlechtes Wetter verzögerte diesen um drei Tage. Die Luftwaffe unterbrach ihre Einsätze aber nicht. Am 12. August verursachte ein Bomberangriff sogar beträchtliche Schäden an der Radarstation Ventor auf der Insel Wight und öffnete dadurch eine potenziell gefährliche Stelle im englischen Verteidigungsnetz.
Der »Adlertag« wurde schließlich für den 13. August festgelegt. An diesem Tag flog die Luftwaffe insgesamt 1485 Einsätze. Die englischen Piloten wurden jedoch durch ihr Frühwarnsystem gewarnt und fügten den Deutschen schwere Verluste bei. Insgesamt verloren die Deutschen in heftigen Kämpfen 20 Bomber und 24 Jagdflugzeuge, während sie selbst nur 13 Jagdflieger abschießen konnten. Göring hatte außerdem seinen Fliegern den Befehl erteilt, sich nur auf die Flugplätze zu konzentrieren. Die

Oben: Die Geißel der Luftwaffe in der Schlacht um England: Supermarine Spitfire Mark IA des 65. Geschwaders des RAF Fighter Command im Formationsflug über Südengland 1940. Mit einer Höchstgeschwindigkeit von 580 km/h und acht 7,7-mm-Maschinengewehren ausgestattet, waren dies hervorragende Maschinen. Die RAF verfügte im Juni 1940 über 700 schnelle Eindecker-Jagdflugzeuge - eine Mischung aus Spitfire und Hurricane. Die Produktionsrate in den Fabriken war außerdem hoch. Ende 1940 lieferten beispielsweise die britischen Flugzeugwerke über 400 Jagdflugzeuge im Monat. Die deutsche Industrie schaffte dagegen durchschnittlich nur knapp weniger als 200 Maschinen.

Oben rechts: Unter den wachsamen Augen eines Militärpolizisten und einer Grenadierwache geht die Mannschaft eines über Südengland abgeschossenen Flugzeugs der Luftwaffe in die Gefangenschaft. Der Oberfeldwebel rechts trägt das Eiserne Kreuz I. Klasse.

Unten rechts: Oktober 1939, eine Heinkel He 111H liegt mit zerbrochenem Rumpf auf einem Hügel in Schottland. Diese Aufnahme zeigt das erste deutsche Flugzeug, das im 2. Weltkrieg über den Britischen Inseln abgeschossen wurde - deshalb auch das beträchtliche Interesse. Es fiel den Spitfire des 602. und 603. Geschwaders zum Opfer.

Oben: Die Besatzung einer Heinkel He 111 trinkt aus ihren Thermosflaschen nach der Rückkehr von einem Luftangriff in Südengland im September 1940. Obwohl die Flugdistanzen nicht groß waren, war jeder Angriff mit Stress und Anstrengung verbunden. Die im Kampf auftretenden Adrenalinstöße führten bei den Männern häufig zu einem brennenden Durst, d. h. bei jenen, die überlebten.

Links: Messerschmitt Bf 110 über Südengland im August 1940. Die Bf 110, die als Langstrecken-Jagdflugzeug konzipiert war, erwies sich in der Luftschlacht um England gegenüber den britischen einmotorigen Abfangjägern als besonders verwundbar. Deshalb wurden sie auch nur mehr als Geleitschutz eingesetzt. Jagdflugzeuge, die Jagdflugzeuge sicherten, dies war in den Vorkriegstaktiken nicht vorgesehen gewesen.

Rechts: Am 7. September 1940 lenkte Göring das Hauptgewicht seiner Offensive weg von den Flugplätzen und Einrichtungen der RAF hin zum Hafen von London. Diese Aufnahme, eine der berühmtesten des 2. Weltkrieges, zeigt East End in Flammen. Trotz der Zerstörung und dem Verlust zivilen Lebens gab dies der RAF die Ruhepause, die sie dringend benötigte. Außerdem trat genau der gegenteilige Effekt ein, den die deutsche Führung beabsichtigt hatte: anstatt die Bevölkerung in die Resignation zu bomben, wurde ihr Widerstandsgeist gestärkt.

deutschen Flieger führten diesen Auftrag auch einigermaßen erfolgreich durch, verschonten dabei aber die Radarstationen. So blieb das Radarsystem einigermaßen unversehrt. Die Luftangriffe dauerten bis zum 18. August und stellten die zweite Phase des Kampfes dar, in der die Luftwaffe 247 und die RAF 131 Maschinen verloren. Göring erkannte aber nicht, dass der Pilotenmangel bei der RAF immer stärker wurde (vor allem solche, die ein Geschwader im Kampf führen konnten) und Dowding bereits in anderen Jagdfliegergruppen »plünderte«.

Die RAF am Ende ihrer Kräfte

Dazu kam es in der nächsten Phase, die vom 19. August bis zum 6. September dauerte. Die Luftwaffe verstärkte ihren Druck weiter und flog bis zu 1000 Einsätze am Tag. Göring änderte außerdem seine Taktik und setzte mehr Jagdflugzeuge ein, um die RAF zum Kampf zu verleiten. Dieser Plan ging beinahe auf. Bis zum 6. September hatte Dowding weitere 273 wertvolle Jagdflugzeuge im Luftkampf verloren. Zwar konnte er noch immer mit 303 abgeschossenen feindlichen Flugzeugen (darunter 146 Bf 109) das Gleichgewicht der Kräfte halten, aber seine Reserven gingen rasch zur Neige. Es wurden bereits Pläne ausgearbeitet, um die RAF nördlich von London zurückzuziehen. Die Luftwaffe verfügte noch immer über 1158 Bomber und mehr als 1000 Jagdflugzeuge und schien knapp vor dem Sieg zu stehen.

An diesem Punkt beging Göring einen fatalen Fehler. In der Überzeugung (mit gutem Grund), dass die Luftwaffe siegen würde und um die britische Bevölkerung in einem nächsten logischen Schritt vor der Invasion zu demoralisieren, befahl er seinen Bombern, sich auf London zu konzentrieren. Dies band die Luftwaffe an ein genaues und vorhersehbares Ziel und, was noch wichtiger ist, nahm den Druck von der RAF. Dowding hatte plötzlich Zeit, rasch seine letzten Trümpfe zu sammeln, neue Flugzeuge und Piloten heranzuschaffen und für die Reparatur der beschädigten Flugplätze zu sorgen. Görings Flieger wandten sich hingegen einer Operation zu, für die sie nicht wirklich vorbereitet waren. Am 7. September bombardieren 650 Bomber und 1000 Jagdflugzeuge elf Stunden lang London, wobei über dem Hafenbereich 670 Tonnen an Sprengbomben und tausende von Brandsätzen abgeworfen werden. An die 450 Londoner kommen dabei ums Leben, aber die Luftwaffe verlor 36 Flugzeuge und ließ ihre zukünftigen Absichten erkennen.

Die Luftangriffe erlaubten es Dowding nun, seine Kräfte zur Verteidigung der Hauptstadt zu konzentrieren. Die Vorteile wurden am 15. September offensichtlich (später der offizielle »Battle of Britain Day«), als zahlreiche britische Jagdflieger (einige sogar von der Gruppe Nr. 12) sich den Luftangriffen der Luftwaffe stellten. Bei nur 26 eigenen Verlusten konnte die RAF 58 feindliche Maschinen abschießen. Dies wiederholte sich nun immer öfter. Zwischen dem 16. und 30. September verlor Dowding 115 Flugzeuge, die Luftwaffe hingegen 199. Die Deutschen hatten sich offensichtlich die Initiative nehmen lassen. Hitler, dessen Gedanken bereits bei seinem geplanten Überfall auf die Sowjetunion lagen, schob die »Operation Seelöwe« auf. Göring wiederum wusste, dass seine Streitkraft bald für dieses neue Unternehmen gebraucht werden würde. Er ließ folglich die Tagesangriffe nur mehr mit Jagdbombern wie der Bf 109 oder Bf 110 durchführen, die für solch einen Einsatz gar nicht geschaffen waren.

Der britische Erfolg bei der Luftschlacht um England bedeutete aber nicht, dass die deutschen Angriffe aufhörten. Trotz der Verluste über London Mitte September drängte Göring weiterhin auf eine Bombenkampagne. Bis zum Ende des Monats starben 6953 britische Bürger während der deutschen Luftangriffe, da sich die britische Fliegerabwehr als zu schwach erwies. Diese Erkenntnisse führten zu einer Änderung in der Taktik. Die Bomber wurden nun in der Nacht geschickt, um Ziele im ganzen Land zu treffen. Dies schien ein erfolgreicher Ansatz zu sein. Die Schein-

Oben: Britische Truppen bewachen die Reste einer Dornier Do 17Z, die am 18. August 1940 bei Leaves Green in der Nähe der Flugbasis Biggin Hill abgeschossen worden war. Trotz der beträchtlichen Schäden im Bereich des Cockpits überlebte die fünfköpfige Besatzung.

werfer erhellten vergebens den nächtlichen Himmel, die Fliegerabwehr richtete nur geringen Schaden an, und die britischen Nachtjäger erzielten aufgrund des fehlenden Radars keine Wirkung.

Die Lage spitzte sich immer mehr zu. In der Nacht zum 15. November 1940 warfen etwa 439 deutsche Bomber 511 Tonnen an Sprengbomben und mehr als 30.000 Brandsätze über die mittelenglische Industriestadt Coventry ab. An ihrer Spitze befanden sich »Pfadfinder«-Flugzeuge, die mit einem speziellen Funkleitstrahl ausgerüstet waren, dem sogenannten X-Gerät. Bei diesem Angriff kamen 568 Menschen ums Leben und 1256 wurden schwer verletzt. Mehr als 60.000 Gebäude fielen den Zerstorungen zum Opfer und die Produktion in den Fabriken stand still.

Aber Coventry war nicht das einzige Ziel. Bis Weihnachten 1940 wurden Birmingham, Sheffield, Liverpool und Manchester schwer getroffen, und andere Städte begannen ebenfalls die Wucht der deutschen Luftwaffe zu spüren. Zur selben Zeit hielten die Angriffe auf London an. In der Nacht zum 30. Dezember bombardierten 130 Bomber die Innenstadt und setzten mit ihren Brandsätzen das Gebiet zwischen der St. Pauls Cathedral und der Guildhall in Brand. Großbritannien befand sich in einem Belagerungszustand.

Aber England überlebte. Seine Bevölkerung ließ sich durch die Luftangriffe nicht demoralisieren und versuchte wie zum Trotz ein einigermaßen geregeltes Leben zu führen. Aus jedem Angriff versuchte man die entsprechenden Lehren zu ziehen. Britischen Wissenschaftlern gelang es, die deutschen Funkleitstrahlen zu stören. Bisweilen konnten sie diese sogar »ablenken«, sodass die Bomber ihre Last über offenem Gelände abwarfen. Zur gleichen Zeit wurden die Fliegerabwehrgeschütze und Suchscheinwerfer immer wirkungsvoller, und die Nachtjäger, die nun mit Radar ausgestattet waren, begannen ihre Beute zu suchen und zu vernichten. Der Luftkrieg dauerte bis zum Vorabend des Angriffs auf die Sowjetunion.

Noch am 10. Mai 1941 kamen bei einem Luftangriff auf London mehr als 1400 Zivilisten um - aber dann war es klar, dass die Luftwaffe versagt hatte. Die RAF war nicht vernichtet und der Weg für die Invasion nicht frei. Es war Görings erster Rückschlag und einer, der Vorkriegstheorien Lügen strafte, dass man ein Land von der Luft aus besiegen könnte. Wie furchteinflößend die Luftwaffe auch über Guernica, Warschau und Rotterdam gewesen sein mochte, keine dieser Städte war angemessen verteidigt worden. Wohl auch deshalb, da schon vor dem eigentlichen Angriff die Lufthoheit verloren gegangen war. Über Großbritannien hatte Göring den Fehler begangen, mit der Bombardierung der Städte zu beginnen, noch ehe die gegnerische Luftwaffe ausgeschaltet worden war. Dies war ein fataler Fehler, der England zu einer Zeit vor der Niederlage bewahrte, als sich Hitler bereits seinem nächsten Gegner, der Sowjetunion im Osten, zugewandt hatte.

Links: Von der Kamera des angreifenden Jagdflugzeugs eingefangen, steht diese Messerschmitt Bf 110 kurz davor, abgeschossen zu werden. Fehlende Manövrierfähigkeit und Geschwindigkeit führten dazu, dass die Bf 110 gegen die beweglicheren Jagdflugzeuge nicht bestehen konnte, da ihre Verteidigungswaffen nach hinten unzureichend waren.

Unten: Die Messerschmitt Bf 109E von Oberleutnant Karl Fischer des Jagdgeschwaders 27 wird im Windsor Great Park Anfang Oktober 1940 geborgen. Fischer überlebte den Kampf mit der RAF.

KAPITEL 5

DER WÜSTENKRIEG

Angesichts mechanischer Probleme und Engpässe beim Treibstoff hatte die Luftwaffe in Nordafrika hart zu kämpfen, um ihre Flugzeuge in der Luft zu halten. Am Schluss erlag sie jedoch der gewaltigen alliierten Übermacht.

Links: Die Besatzung eines Messerschmitt Bf 110-Langstreckenjägers schützt sich 1941 in Nordafrika vor der Sonne. Zu diesem Zeitpunkt des Krieges kam die Bf 110 eher als Jagdbomber zum Einsatz.

Oben: Ein Junkers Ju 88A-Bomber des Kampfgeschwaders 30, erkennbar am typischen Adler am Bug, auf einem Flugfeld am Balkan 1941.

Das Mittelmeergebiet vom Balkan bis zur nordafrikanischen Küste und den dazwischen liegenden Inseln hatte in Hitlers Plänen nie eine bedeutende Rolle gespielt. Deshalb schloss er auch ein Bündnis mit Italiens Mussolini, damit dieser etwaige alliierte Angriffe im Süden verhindern sollte. Deutschland selbst konnte sich so einer wesentlich wichtigeren Aufgabe zuwenden: der Vernichtung der Sowjetunion. Zwar gab es vage Vorstellungen, dass die deutschen Streitkräfte, die durch den Kaukasus und Mittleren Osten vorrücken, sich mit den Italienern in Ägypten und Libyen vereinen, aber damit war es auch schon getan. Alles, was sich Hitler von seinem Achsenpartner erwartete, war eine sichere Südflanke.

Doch Mussolini konnte dies nicht gewährleisten. Er erklärte zwar pflichtbewusst im Juni 1940 Frankreich und England den Krieg (wobei er vorsichtshalber bis knapp vor der endgültigen Niederlage der Alliierten wartete), scheiterte jedoch mit seinen Invasionen auf dem Balkan und in Nordafrika. Im September ließ er seine 10. Armee in Westägypten einmarschieren, um in Richtung Suezkanal vorzustoßen. Bereits einen Monat später war er so töricht, um auch Griechenland zu überfallen. Beide Offensiven liefen sich bald fest, und als sowohl die Briten als auch Griechen einen Gegenangriff starteten, drohte den Italienern eine Niederlage. Im Februar 1941, nur wenige Tage nachdem sich die Reste der 10. Armee den Briten bei Beda Fromm in der Cyre-

Oben: Messerschmitt Bf 110-Jagdflugzeuge des Zerstörergeschwaders 26 stehen für den Einsatz in Nordafrika 1941 bereit. Die Tatsache, dass die Flugzeuge so eng beieinander stehen, in unmittelbarer Nähe der Treibstofffässer, lässt darauf schließen, dass kein feindlicher Angriff erwartet wird.

naika (Ostlibyen) ergeben hatten, sandte Hitler deutsche Truppen (das Deutsche Afrikakorps oder DAK). Dessen Kommandant, General Erwin Rommel, erhielt den Auftrag, einen kompletten italienischen Zusammenbruch zu verhindern. Zwei Monate später marschierten die Deutschen auch in Jugoslawien und Griechenland ein, um vor dem Überfall auf die Sowjetunion den Balkan unter Kontrolle zu bringen.

Die Luftwaffe im Mittelmeerraum

Anfang 1941 begannen die Deutschen daher, die ersten Geschwader in den Mittelmeerraum zu verlegen. Im März stationierte die Luftwaffe dann nach der Erweiterung des Dreimächtepaktes an die 500 Flugzeuge (40 Bomber, 120 Ju 87, 120 Bf 109, 40 Bf 110 und 170 Aufklärer und Transportflugzeuge) auf Flugplätzen in Rumänien und Bulgarien. Weitere 390 Maschinen (größtenteils Ju 87 und Bf 109) bildeten das X. Fliegerkorps in Süditalien, Sizilien, Sardinien, Griechenland und Nordafrika. Diese Flugzeuge standen auch Rommel bei seinen Feldzügen in Libyen und Ägypten zur Seite, wobei ihr Einsatz über den der reinen Nahkampfunterstützung der Bodentruppen hinausging.
Daneben hatte das X. Fliegerkorps die wichtige Aufgabe, den Italienern bei der Neutralisierung der Insel Malta zu helfen. Diese diente nämlich den Briten als Stützpunkt für ihre See- und Luftstreitkräfte, die bereits die Versorgungslinien der Achsenmächte zum nordafrikanischen Kriegsschauplatz bedrohten.
Der erste Einsatz der Luftwaffe auf Malta fand bereits am 9. Januar 1941 statt, als Flugfelder und Hafenanlagen bombardiert wurden. Die Operation »Barbarossa« (der Codename für den Überfall auf die Sowjetunion) im Juni 1941 brachte jedoch ein Ende der Angriffe. Ein Teil der Staffeln kam nach Norden, um an »Barbarossa« teilzunehmen, während andere Geschwader auf Stützpunkte in Griechenland, auf Kreta und Rhodos verlegt wurden. Dadurch wollte man verhindern, dass die Briten vom östlichen Mittelmeer aus ihre russischen Verbündeten über den Suezkanal, die Dardanellen und das Schwarze Meer mit Nachschub beliefern. Um Malta sollten sich die Italiener kümmern, und für Rommel blieben weniger als 150 Stukas und Bf 109 übrig.
Diesem war es bis dahin bereits gelungen, die Briten bis zur ägyptisch-libyschen Grenze zurückzuwerfen. Damit hatte er aber seine eigene Nachschublinie, die von Tripolis über die Küstenstraße verlief, zu weit in die Länge gezogen. Im November muss sich Rommel schließlich nach heftigen Panzerschlachten bei Tobruk in die westliche Cyrenaika zurückziehen. Dadurch verkürzten sich natürlich seine Versorgungswege. Gleichzeitig jedoch verfügten nun die britischen Flugzeuge über Stützpunkte, von denen aus sie ihre Kameraden auf Malta unterstützen konnten. Dies hatte natürlich gravierende Auswirkungen auf die deutschen Versorgungsrouten im Mittelmeer.
Im November 1941 gingen zwei Drittel des Nachschubs für Rommel von Südeuropa aus verloren. Alliierte U-Boote, Kriegsschiffe

Oben: Das Messerschmitt Bf 109G-Jagdflugzeug ist durch seine glatte Verkleidung und den vergrößerten Luftfilter unter dem Bug gekennzeichnet. Sie steht hier auf einem Flugfeld auf Sizilien Ende 1942. Die Tarnfarbe des Flugzeugs lässt dessen Konturen beim Anblick von oben oder der Seite verschwimmen.

Unten: Die Stukas bleiben weiterhin im Einsatz, obwohl sie gegenüber den schnellen Abfangjägern bereits gefährlich veraltet sind. Doch mit Geleitschutz richten sie in Nordafrika noch immer große Zerstörungen an und demoralisieren nach wie vor den Gegner.

Oben: Ein Maler verewigt den Anblick des Flugfeldes Ain El Gazala Mitte 1941. Die Bf 109E im Vordergrund gehört zum Jagdgeschwader 27, das im April 1941 nach Nordafrika verlegt wurde.

Oben rechts: Eine Kette von Ju 87-Stukas kehrt 1941 zu ihrem Wüstenstützpunkt zurück. Die primitive Beschaffenheit des Stützpunktes sowie seine Abgelegenheit führten zu Problemen bei der Versorgung.

und Flieger versenkten zahlreiche Versorgungsschiffe. Am 2. Dezember entschloss sich Hitler daher, die Luftwaffe in diesem Gebiet zu verstärken. Albert Kesselring (nun Feldmarschall) erhielt als Oberbefehlshaber der Luftwaffe Süd den Befehl, die Einsätze der Achsenmächte zu koordinieren. Als er Anfang Januar 1942 in Süditalien eintraf, standen ihm rund 650 Flugzeuge zur Verfügung. 260 davon waren zur Unterstützung des DAK in Nordafrika vorgesehen. Rommel selbst hatte bereits eine Gegenoffensive eingeleitet, in deren Verlauf die Briten bis nach El Gazala zurückgedrängt wurden. Außerdem hatte die Regia Aeronautica (Italienische Luftwaffe) rund 500 Bomber und Jagdflugzeuge bereitgestellt. Diese waren jedoch überwiegend veraltet und besaßen wenig Durchschlagskraft. Falls Malta ausgeschaltet werden musste, so konnte dies nur die Luftwaffe tun.

Der Angriff auf Malta

Die Offensive begann Mitte Januar 1942. Anfänglich erfolgten die Luftangriffe nur sporadisch - bis Ende Februar fielen nur etwa 1016 Tonnen Bomben auf die Insel - und die britischen Garnisonstruppen und die einheimische Bevölkerung konnten sich darauf einstellen. Im März wurde jedoch das III. Fliegerkorps mit 425 Flugzeugen (darunter 190 Bomber und 115 Bf 109) nach Sizilien verlegt. Dies führte zu einer wesentlichen Intensivierung der Angriffe, und bereits in diesem Monat wurden in über 2800 Einsätzen an die 2235 Tonnen Bomben abgeworfen.

Britische Flugplätze und militärische Stützpunkte mussten schwere Treffer einstecken, und die Engländer hatten hart zu kämpfen, um ihre Verteidigungsbereitschaft aufrechtzuerhalten. Obwohl sie zwischen Januar und Ende März an die 60 Flugzeuge der Luftwaffe abschossen, genügte dies nicht, um die Angriffe zu stoppen. Im April dachten die Briten bereits ernsthaft daran, alle Luft- und Seestützpunkte auf der Insel zu evakuieren und

Rechts: Hans-Joachim Marseille, ein Fliegerass der Luftwaffe und als der »Stern von Afrika« bekannt, begutachtet einen seiner Abschüsse - eine Hurricane des 213. Geschwaders. Marseille fiel am 30. September 1942.

Oben: Eine Bodenmannschaft der Luftwaffe tankt eine Messerschmitt Bf 110 auf einem Flugfeld in der Wüste im Februar 1942 auf. Der mühsame Vorgang, den Treibstoff in die Tanks des Flugzeugs zu pumpen, ist deutlich zu erkennen.

Unten rechts: Eine Heinkel He 111H wird mit Bomben bestückt. Die Sonnenhüte der Bodenmannschaft und die tropentauglichen Motoren der Flugzeuge weisen darauf hin, dass sich dies im Mittelmeerraum abspielt.

Unten: Mechaniker arbeiten an einem Junkers Jumo 211Da flüssigkeitsgekühlten 12-Zylinder-Motor einer Junkers 87B. Dieses spezielle Flugzeug wurde durch zusätzliche Sandfilter »tropentauglich« gemacht.

die Garnisonstruppe (die erschöpfte Brigade 234) allein gegen die Deutschen zurückzulassen.
Doch Kesselring gelang es Ende April nicht, Hitler von einem deutsch-italienischen Luftlandeangriff (Codename »Herkules«) auf Malta zu überzeugen. Die Insel wäre sicherlich in die Hände der Deutschen gefallen. Mehrere gleichzeitig auftretende Faktoren ließen Hitler jedoch davon abkommen. Die Erinnerung an die schweren Verluste auf Kreta vom vorigen Mai waren noch immer frisch, und an der Ostfront wurden immer mehr Transportflugzeuge benötigt. Dazu kam noch Rommels plötzlicher Durchbruch an der El-Gazala-Stellung, um Tobruk zu erobern und in Westägypten einzumarschieren.
Es gab aber auch andere Wege für Kesselring, den Druck aufrechtzuhalten. Einer davon war der Einsatz seiner gewaltigen Luftflotte gegen die Nachschubkonvois für Malta. Im März 1942 setzten die Briten vier Kreuzer, 18 Zerstörer und ein Fliegerabwehrschiff ein, um nur vier Handelsschiffe bis zur belagerten Insel zu geleiten. Dabei waren sie fast ständig Luftangriffen ausgesetzt. Im August mussten 14 Frachtschiffe von einer richtigen Flotte von drei Flugzeugträgern, zwei Kriegsschiffen, sechs Kreuzern, 24 Zerstörern und einem Fliegerabwehrschiff begleitet werden. Auf ihrem Weg durch das westliche Mittelmeer waren die Angriffe der Luftwaffe derart erfolgreich, dass nur fünf Frachtschiffe Malta erreichten.
Trotzdem gelangte genügend Nachschub auf die Insel, um den

Oben: 1942 waren die Nachschubschwierigkeiten der Deutschen in Nordafrika derart groß, dass keine Gelegenheit dazu ausgelassen wurde. Hier werden Treibstoff und andere notwendigen Güter von einem Gotha Go 242A-Lastensegler entladen.

linien und verstärkten ihre Einheiten in Ägypten. Dazu gehörte nun auch eine gut ausgerüstete Wüstenluftwaffe (Desert Air Force). Anfang September 1942 befand sich fast kein deutsches Flugzeug mehr in der Luft. Rommels letzter Versuch zum Durchbruch scheitert aber bei Alam Halfa an der 8. Armee unter ihrem neu eingetroffenen Kommandanten General Bernard Montgomery. Zwei Monate später, als Montgomery die Initiative in der zweiten Schlacht von El Alamain an sich riss, war die britische Luftwaffe im Verhältnis 3:1 überlegen. Der »Fliegerführer Afrika« konnte da nur mehr wenig tun.

Am 4. November erlitt Rommel eine Niederlage bei El Alamain und begann mit seinem Rückzug, der das Ende des Wüstenkrieges bedeutete. Vier Tage später landeten die angloamerikanischen Truppen im Rahmen der Operation »Torch« in Französisch-Nordwestafrika (Marokko und Algerien). Ihr Vormarsch nach Tunesien brachte sie in Rommels Rücken, weshalb er gezwungen

Oben: Während die Briten Ende 1942 von El Alamain nach Libyen vorstoßen, treffen sie auf die traurigen Überreste der Wüstenluftwaffe. Hier bei Darna liegt das Wrack einer Bf 109 neben den ausgebrannten Resten eines Ju 52-Rettungsflugzeuges.

Unten: Niederlage der Achsenmächte in Nordafrika: britische Truppen haben die Reste von Flugzeugen der Luftwaffe (wie auch der Regia Aeronautica) zusammengetragen. Aus den Flügeln haben sie dabei eine Art Zaun für die restlichen Trümmer gebildet.

war, ganz Libyen Montgomerys Männern zu überlassen. Viel zu spät erkannte Hitler die Gefahr, den Mittelmeerraum zu verlieren. Ganz Südeuropa stand mit einem Mal für einen alliierten Angriff offen.
Jetzt fand er plötzlich jene Reserven an Flugzeugen, deren früherer Einsatz den Kriegsverlauf wesentlich beeinflusst hätte. Knapp unter 1000 Maschinen - 850 auf Sizilien, Sardinien und Tunesien und 120 in Südfrankreich (das von den Deutschen unmittelbar nach der Operation »Torch« besetzt worden war) wurden verlegt, um den Vormarsch der Alliierten zu stoppen. Dies gelang auch zu einem gewissen Maß und die angloamerikanischen Truppen konnten in den Bergen Tunesiens aufgehalten werden. Die üblichen Probleme mit der Treibstoffversorgung und Wartung blieben jedoch bestehen.
Im Februar 1943 verfügte »Fliegerführer Afrika« nur mehr über 150 Maschinen (meist Bf 109). Der erst vor kurzem aufgestellte »Fliegerführer Tunesien« bestand lediglich aus 140 Flugzeugen (einschließlich einiger neuer Focke-Wulf Fw 190-Jäger). Als sich dann Rommel in den Süden Tunesiens zurückzog, wurden die beiden Kommandos zusammengelegt. Trotzdem war es klar, dass die Niederlage nicht mehr abgewendet werden konnte. Im Mai rückten die Alliierten immer näher auf Tunis vor und die Deutschen versuchten, ihr Schlüsselpersonal mit Ju 52 und sogar Messerschmitt Me 323 »Gigant« zu evakuieren. Die Folgen waren katastrophal, da solche Flugzeuge eine leichte Beute für die alliierten Jäger darstellten. Die restlichen Flugzeuge wurden nach Sizilien und Süditalien zurückgezogen, als Tunis am 7. Mai fiel. Fünf Tage später war der Krieg in Nordafrika vorbei.
Dies galt jedoch nicht für die Kämpfe im Mittelmeerraum. Trotz Mussolinis Sturz im Juli 1943, der zu einem Waffenstillstand mit den Alliierten im September führte, besetzten die Deutschen Italien. Dabei unterstützte die Luftwaffe erneut die Bodentruppen, wo und wie sie nur konnte. In Italien selbst war dies ziemlich schwierig, da die Alliierten ab 1943 in der Luft zahlen- und materialmäßig überlegen waren. Gelegentlich gelangen aber trotzdem Erfolge. Einer davon ereignete sich Ende 1943 bei den Kämpfen auf den Dodekanes-Inseln. Italienische Truppen konnten dort einen Versuch der Briten, die Inseln zu erobern, abwehren. Eine Zeit lang erlangte die Luftwaffe wieder ihre alte Stärke zurück und griff abgelegene Inseln und britische Kriegsschiffe, die eine Landung auf Kos und Leros vorbereiteten, mit Ju 87 und Ju 88 an. Dabei wurden auch Fallschirmjäger eingesetzt, die aus Griechenland abgezogen worden waren.
Aber dieses seltene Erfolgserlebnis kam vor allem deshalb zu Stande, weil die Amerikaner den Briten ihre Unterstützung verweigerten. In ihren Augen handelte es sich hier nur um eine nebensächliche Operation. Sonst war das Mittelmeer 1943 im Wesentlichen ein »alliiertes Meer« und die noch vorhandene Luftwaffe stark in der Unterzahl. Hitler quälten aber ganz andere Sorgen. An der Ostfront drehten die Sowjets gerade den Spieß um, und über Deutschland selbst begannen die angloamerikanischen Bomber ebenfalls, massiv in das Kriegsgeschehen einzugreifen. Die Luftwaffe hatte nun wichtigere Aufgaben zu erfüllen.

Unten: Zwei Messerschmitt Bf 110 fliegen in Formation über den ägäischen Inseln Ende 1943. Die eine Maschine im Vordergrund trägt die Bezeichnung »3U«, die sie dem Zerstörergeschwader 26 zuordnet.

K A P I T E L 6

STURM IM OSTEN

Während der ersten Wochen der Operation »Barbarossa«, dem deutschen Überfall auf Russland, errang die Luftwaffe die völlige Lufthoheit. In einem Siegeszug sondergleichen wurden tausende von sowjetischen Flugzeugen bereits am Boden zerstört.

Links: Brennende Öltanks als Folge eines Luftangriffs in der ersten Phase von »Barbarossa« im Juli 1941. Die Zerstörung solcher besonders kriegswichtiger Ziele gehörte zu den Hauptaufgaben der Luftwaffe.

Oben: Die Stukas schlagen zu! Am 22. Juni 1941, zu Beginn der Operation »Barbarossa«, führen die Stukas ihre üblichen Einsätze durch: feindliche Truppenkonzentrationen aufzuspüren und den Feind zu demoralisieren.

Die Vorbereitungen für die Operation »Barbarossa« begannen schon im September 1940, als die Schlacht um England noch im Gange war. Zwei Monate später gab es bereits die ersten Einsatzbefehle, und in seiner Weisung Nr. 21 vom 18. Dezember 1940 wies Hitler der Luftwaffe die übliche Rolle beim Angriff auf die Sowjetunion zu. »Aufgabe der Luftwaffe ist es, die russische Luftwaffe so weit wie möglich zu lähmen und auszuschalten ... daneben wird sie die wichtigen Operationen der Wehrmacht unterstützen.« Wie in Polen, Skandinavien und Frankreich sollten Görings Flieger Präventivschläge gegen die feindlichen Luftstreitkräfte durchführen und die Luftüberlegenheit erlangen. Danach könnten sie ihre Bomber und Jäger gegen feindliche Nachschub- und Kommunikationslinien einsetzen und so die Flugplätze isolieren und den Gegner direkt am Boden angreifen.

Im Falle der Sowjetunion war dies jedoch eine gewaltige Aufgabe. Hitler bestand auf einem kurzen Feldzug und forderte die Eroberung von Leningrad im Norden, Moskau in der Mitte und der Ukraine im Süden vor Einbruch des Winters. Dies verlangte jedoch eine deutliche Verstärkung der Wehrmacht in der Größenordnung von 40 neuen Divisionen. Die damit verbundenen Produktionssteigerungen stellten aber für die deutsche Industrie ein zu großes Unterfangen dar. Sie konnte den Wünschen der Wehrmacht nur insofern nachkommen, als jene der Luftwaffe

vernachlässigt wurden. Die im Westen erlittenen Verluste wurden zwar ersetzt, aber keinerlei zusätzliche Maschinen genehmigt.
Von größter Bedeutung für die Zukunft war jedoch die Tatsache, dass sämtliche neuen Entwicklungen zurückgestellt wurden. So lag dann auch im Juni 1941 die Frontstärke der Luftwaffe nur knapp über der des Jahres 1940 - insgesamt 3340 Bomber und Jäger. Daneben hatte der Aufgabenbereich, der von der Luftwaffe zu erledigen war, eine beträchtliche Steigerung erfahren: 780 Flugzeuge mussten im Westen stationiert bleiben, 370 weitere für den Mittelmeerraum und an die 200 zur Luftverteidigung Deutschlands abgestellt werden. Für »Barbarossa« blieben folglich nur mehr knapp unter 2000 Flugzeuge übrig. Dazu kamen dann noch die Transport-, Verbindungs- und Aufklärungsmaschinen sowie die von deutschen Verbündeten gestellten Flugzeuge. Unter Einbeziehung sämtlicher verfügbarer Flugzeuge ergab dies für den Ostfeldzug »nur« 3900 Maschinen. Laut vorsichtigen Schätzungen verfügten die Sowjets jedoch über 7500 Flugzeuge im europäischen Teil und weitere 2500 im Fernen Osten. Zwar waren die meisten davon veraltet, doch der zahlenmäßige Vergleich sprach deutlich zu Ungunsten der Deutschen.

Die Luftwaffe auf dem Balkan

Die Luftwaffe sah sich 1941 aber noch mit ganz anderen Problemen konfrontiert. Während die Vorbereitungen für »Barbarossa« bereits liefen, erhielt Göring plötzlich den Befehl, Vorbereitungen für eine Invasion auf dem Balkan zu treffen. Aufgrund der gescheiterten Unternehmen Italiens in Nordafrika und Griechenland stellte nämlich die Südflanke eine drohende Gefahr bei einem deutschen Angriff auf die Sowjetunion dar. Hitler war folglich gezwungen, seinem faschistischen Verbündeten zu Hilfe zu eilen. Rommels Eintreffen in Libyen rettete zweifelsohne die Situation in Nordafrika, aber auf dem Balkan sah die Lage völlig anders aus.

Links oben: Eine Junkers Ju 87B des Stukageschwaders 3 auf einem Flugfeld auf dem Balkan 1941 wird mit Bomben bestückt, ehe sie an der letzten Phase dieses kurzen Feldzugs zur Eroberung Jugoslawiens eingesetzt wird. Der Bug und die Schwanzflosse sind leuchtend gelb.

Links unten: General Eduard Dietl (rechts mit Fallschirm) wartet im Mai 1941 darauf, an Bord eines Junkers Ju 52-Transporters zu gehen. Dietl kommandierte die Gebirgsjäger (am Edelweiß an seiner Kappe zu erkennen) der deutschen Wehrmacht, von denen Teile an der Invasion Kretas teilnahmen.

Rechts: Die Bildfolge zeigt die Zerstörung der HMS »Gloucester«, einem britischen Kreuzer der Southamptonklasse, der bei einem Luftangriff vor Kreta am 22. Mai 1941 versenkt wurde. Die Luftkämpfe um Kreta wurden zu einem gewaltigen Erfolg für die Luftwaffe: ihre Bomber versenkten drei Kreuzer und sechs Zerstörer in mehreren heftigen Gefechten. Außerdem beschädigten sie weitere fünf Kriegsschiffe und einen Flugzeugträger der Royal Navy. Die Briten verloren auf dem Balkan 25.000 Mann.

Die griechischen Truppen standen knapp davor, Mussolinis Truppen bis nach Albanien zurückzudrängen. Ende März 1941 kam es dann auch noch zum Putsch in Jugoslawien und der deutschfreundliche Prinzregent wurde abgesetzt. Die Gefahr einer alliierten Intervention stand bevor. Als eine der ersten Gegenmaßnahmen ließ Hitler die bereits in Bulgarien und Rumänien stationierten Luftwaffeneinheiten verstärken. Insgesamt befanden sich nun über 600 Flugzeuge dort.

Sieg auf dem Balkan

Diese Flugzeuge sowie weitere, die von Österreich und Ungarn aus operierten, standen an der Spitze des Angriffs auf Jugoslawien und Griechenland am 6. April 1941. Ohne große Schwierigkeiten eroberten sie die Lufthoheit: den insgesamt 1090 deutschen und 660 italienischen Flugzeugen der Luftflotte 4 standen nur 400 jugoslawische und 80 griechische (überwiegend veraltete) Maschinen gegenüber. Am frühen Morgen des 6. April wurden in mehreren Luftangriffen die meisten feindlichen Flugzeuge am Boden zerstört. Dies ermöglichte es der Luftflotte 4, sich auf die Nahkampfunterstützung der Bodentruppen zu konzentrieren.

Zu den damit verbundenen Aufgaben gehörten neben Aufklärungsflügen und Bodenangriffen auch Langstreckeneinsätze. Diese richteten sich vor allem gegen feindliche Truppenkonzentrationen, Brücken, Straßen und Eisenbahnen sowie die Hauptstadt Belgrad. Der Feldzug war äußerst kurz und erfolgreich. Gegen Ende des Monats befand sich Jugoslawien fest in deutscher Hand und das griechische Festland war erobert. Die Briten mussten bereits die auf den Balkan entsandten Hilfstruppen evakuieren.

Dies bedeutete aber noch lange nicht das Ende des Feldzugs, vor allem für die Luftwaffe. Bereits am 15. April hatte Generaloberst Alexander Löhr, der Kommandant der Luftflotte 4, einen Angriff durch Fallschirmjägereinheiten und Luftlanderegimenter der Luftwaffe auf Kreta vorgeschlagen. Die Insel stellte nämlich einen äußerst wichtigen Stützpunkt im östlichen Mittelmeer dar. Nach eiligen Konsultationen mit Mussolini stimmte Hitler zu und leitete den ersten (und bis dahin einzigen) strategischen Einsatz

von Luftlandetruppen in die Wege. Generalleutnant Kurt Students XI. Fliegerkorps, das aus einem Luftlande-Sturmregiment mit vier Bataillonen, drei Fallschirmjägerregimentern (7. Fliegerdivision) und einer Luftlandedivision bestand, wurde umgehend mit der Operation »Merkur« beauftragt. Die Vorbereitungen verliefen jedoch nicht ganz reibungslos - die Luftlandedivision trat nicht rechtzeitig ein und musste im letzten Moment durch die 5. Gebirgsdivision ersetzt werden. Am 20. Mai standen aber über 700 Ju 52 und 80 Lastensegler der Luftwaffe bereit. Zu ihrem Schutz wurden an die 650 Jäger, Bomber und Aufklärer aufgeboten.

Hohe Verluste auf Kreta

Die ersten Lastensegler- und Fallschirmjägerlandungen erfolgten am 20. Mai und führten zu hohen Verlusten. Nur dem Kampfgeist der deutschen Soldaten und Fehleinschätzungen der Briten war es schließlich zu verdanken, dass die Flugplätze bei Maleme, Chania und Iraklion doch erobert werden konnten. Zehn Tage später erfolgte die Evakuierung der britischen Überlebenden. Dabei brachte die Luftwaffe der Royal Navy schwere Verluste bei und versenkte drei Kreuzer und sechs Zerstörer im Verlaufe einer gewaltigen Seeschlacht. Aber die Eroberung Kretas forderte einen zu hohen Preis.

Bis zum 1. Juni verloren die deutschen Luftlandetruppen 5140 von ihrer ursprünglich 13.000 Mann starken Einheit. Dazu kamen noch 220 abgeschossene Flugzeuge, von denen allein 119 Ju 52 waren. Der Blutzoll unter den Transporteinheiten war folglich gewaltig. So knapp vor »Barbarossa« konnte man sich eigentlich solch einen Aderlass gar nicht leisten.

Viele der auf dem Balkan eingesetzten Luftwaffeneinheiten erhielten weniger als drei Wochen Zeit, um sich auf »Barbarossa« vorzubereiten. Sie wurden entlang der gewaltigen Angriffsfront, die sich von der baltischen Küste bis nach Ungarn und Rumänien erstreckte, aufgeteilt. Insgesamt drei Luftflotten waren im bevorstehenden Angriff für die drei Heeresgruppen vorgesehen. Im Norden stand die Luftflotte 1 (unter dem Kommando von General Keller) mit 430 Kampf- und rund 50 Transportflugzeugen Generalfeldmarschall Ritter von Leebs Heeresgruppe Nord zur Seite. Ihr Hauptziel war Leningrad. Bei ihrem Vormarsch sollten sie sich mit den finnischen Truppen vereinen, die von Karelien aus vorstoßen würden und denen 60 Flugzeuge unter Oberst Neilsen zur Verfügung standen.

Die Luftflotte 2 (unter Kesselring) mit über 980 Kampf- und 90 Transportflugzeugen unterstützte Generalfeldmarschall Fedor von Bocks Heeresgruppe Mitte, die über Minsk und Smolensk auf Moskau vorstoßen sollte. Die Luftflotte 4 (erneut unter Löhr) verstärkte schließlich mit ihren 600 Kampf- und 90 Transportflugzeugen Generalfeldmarschall von Rundstedts Heeresgruppe Süd bei ihrem Vorstoß auf Kiew und Charkow in der Ukraine.

Am frühen Morgen des 22. Juni begann der Angriff auf die Sowjetunion. Die Hauptaufgabe der Luftwaffe bestand wie immer darin, die Lufthoheit zu erobern. Trotz der zahlenmäßigen Unterlegenheit gegenüber der sowjetischen Luftwaffe wurde die Operation zu einem großartigen Erfolg. Höhenaufklärer hatten in den

Links: Männer der 5. Gebirgsdivision warten darauf, an Bord der Junkers Ju 52-Transporter zu gehen. Sie verstärkten jene Landetruppen, die im Mai 1941 mit Fallschirmen oder Lastenseglern auf Kreta landen sollten. Die Division nahm kurzfristig an der Operation »Merkur« teil, fügte sich jedoch relativ einfach in ihre Rolle als Luftlandeinfanterie.

Rechts: Der Preis der Operation »Merkur« war hoch. Deutsche Luftlandetruppen verloren von insgesamt 13.000 Soldaten 5140 Mann. Hier sind die Körper toter Gebirgsjäger zu sehen, die bei einer Bruchlandung eines DFS 230-Lastenseglers ums Leben kamen. Derartige Verluste waren indes nur schwer zu ersetzen.

Unten: Deutsche Fallschirmjäger klettern an Bord einer Junkers Ju 52, die sie im Mai 1941 nach Kreta bringt. Der charakteristische Helm der Fallschirmjäger sowie die Dienstgradabzeichen des Feldwebels in der Mitte sind deutlich zu erkennen. Die Fallschirmjäger gehörten zur Luftwaffe.

Wochen vor dem Feldzug die russischen Flugplätze erkundet und die Jäger und Bomber der Luftwaffe mit präzisen Zielangaben versorgt. Die Folgen waren gigantisch. Geschätzte 1800 sowjetische Flugzeuge gingen bereits am ersten Tag verloren. Am 29. Juni verkündete das Oberkommando der Luftwaffe (wie sich herausstellen sollte zu Recht) die Vernichtung von über 4000 feindlichen Maschinen, bei eigenen Verlusten von nur 150 Frontflugzeugen. Die Luftflotte 2 allein machte in der ersten Woche 2500 Abschüsse für sich geltend.

Die völlige Lufthoheit war bei einem Frontverlauf von nahezu 1600 km von Norden nach Süden nicht möglich. Es gab immer wieder Lücken, in die die sowjetischen Piloten mit ihren Ersatzmaschinen eindringen konnten. Aufgrund dieses erfolgreichen Präventivschlages konnten jedoch die Einheiten der Luftwaffe

geradewegs zur Versorgung der Bodentruppen übergehen. Flugzeuge wie die Bf 110 und Ju 87, die sich in der Luftschlacht um England als verwundbar erwiesen hatten, konnten plötzlich wieder gefahrlos ihre Einsätze fliegen. Gemeinsam mit den Hs 123 wurden sie zu vertrauten Anblicken über den Schlachtfeldern.
Doch auch die Taktiken änderten sich. Bei früheren Feldzügen hatte man sich vor allem darauf konzentriert, Nachschublinien zu unterbrechen und Truppenkonzentrationen und Kommunikationsstellen anzugreifen, um den Feind zu schwächen. Jetzt erkannte die Luftwaffe jedoch, dass ein direkter Angriff an der Front eine wesentlich größere Wirkung erzielte. In vielen Fällen blieb ihr auch gar nichts anderes übrig.
Die Kommandanten der Wehrmacht, die bereits am fünften größeren Feldzug innerhalb von 21 Monaten teilnahmen, wussten die Vorteile der Luftüberlegenheit zu schätzen. Folglich forderten sie bei jeder Gelegenheit die Unterstützung der Luftwaffe an. Außerdem spielten die meisten der traditionellen »indirekten« Ziele, wie Straßen und Eisenbahnen, in der relativ unterentwickelten sowjetischen Infrastruktur keine übermäßig wichtige Rolle. Ende Juni erfolgten rund 60 Prozent der Lufteinsätze als »direkte« Unterstützung der Heeresgruppen.

Luft-Boden-Angriffe

Wie bei den Präventivschlägen waren auch hier die Folgen dramatisch. Im Norden, wo von Leebs Männer durch die baltischen Staaten in Richtung Leningrad vorstürmten, lag der Schwerpunkt eher im Lufttransport als im Erdangriff. Mittels Ju 52 und Ju 88 wurden die Panzerspitzen mit Treibstoff versorgt. Aber ansonsten trafen die Angriffe der Luftwaffe die Rote Armee mit vernichtender Wucht. Guderians Panzergruppe 2 der Heeresgruppe Mitte benötigte beispielsweise die Hilfe der Ju 87-Stukas, um den Bug zu überqueren und auf Brest-Litowsk vorzustoßen.
In der Folge setzten die Deutschen sämtliche verfügbaren Flug-

Oben: General Hans Jürgen Stumpff (salutierend), der Kommandant der Luftflotte 5 in Norwegen, inspiziert Angehörige der Luftwaffe, die im Rahmen von »Barbarossa« im Juni 1941 in den Osten verlegt werden. Die Männer ahnen nicht, welcher Albtraum sie dort erwarten wird.

Rechts: Techniker arbeiten an den Spezialinstrumenten im Bug eines Dornier Do 17P-Fernaufklärers vor seinem Abflug in die Sowjetunion 1941. Die Do 17P wurde speziell für solche Aufgaben gebaut. Während der Operation »Barbarossa« hatten feindliche Flugfelder und Nachschublager absolute Priorität.

Unten: Generaloberst Alexander Löhr (Mitte), Kommandant der Luftflotte 4, die von Rundstedts Heeresgruppe Süd während »Barbarossa« unterstützt, bei einer Besprechung mit General Hans Jeschonnek (rechts), Generalstabschef der Luftwaffe. Die Probleme mit der Luftwaffe führten zu Jeschonneks Selbstmord im August 1943.

Oben: Der Angriff auf Nachschublinien der Sowjets gehörte zu den Hauptaufgaben der Stukas während der Operation »Barbarossa«. Hier explodiert eine Bombe in der Nähe einer Pontonbrücke über den Fluss Dnjepr, nachdem die Hauptbrücke bereits zerstört worden war. In der rechten Bildecke ist der sich entfernende Stuka zu sehen.

Rechts: Die Zerstörung sowjetischer Eisenbahnlinien stellte eine andere Möglichkeit dar, um den Nachschub an die Front zu unterbinden. Diese Aufnahme zeigt die Folgen eines Bombenangriffs der Luftwaffe auf einen Bahnhof in der Ukraine 1941: ausgebrannte Lagerhallen und zerstörte Fahrzeuge. Es ist nicht viel übrig geblieben.

Unten: Ein Junkers Ju 87-Stuka nach einem Bombenangriff im Sturzflug - die Halterung für die Bombe unter dem Rumpf ist deutlich zu sehen. Obwohl die Stukas sehr langsam waren und von feindlichen Jägern leicht bekämpft werden konnten, stellten sie gegen ungeschützte Bodentruppen eine hervorragende Waffe dar. So blieben sie auch bis 1945 im Einsatz.

zeuge bei den gewaltigen Kesselschlachten von Minsk und Smolensk ein. Jene sowjetischen Einheiten, die der Umzingelung zu entgehen versuchten oder einen Gegenangriff starteten, wurden erbarmungslos zusammengebombt, ehe sie ihr Vorhaben in die Tat umsetzen konnten. Ähnliche Einsätze im Süden ermöglichten es von Rundstedt, tief in die Ukraine vorzudringen. Den Höhepunkt bildete im September die Umfassungsschlacht von Kiew, an der auch Guderians Panzer teilnahmen, die bei Smolensk nach Süden abgebogen waren. 665.000 sowjetische Sol-

daten gerieten in deutsche Gefangenschaft und 884 Panzer und an die 4000 Artilleriegeschütze wurden erbeutet.

In der Zwischenzeit flog die Luftwaffe Bombeneinsätze. Dies geschah zwar nicht in dem Umfang wie in früheren Feldzügen, wirkte sich aber dennoch aus. Ju 88, He 111 und Do 17 gelangten auf ihrer Suche nach Zielen wie Eisenbahnlinien, Brücken und Lager weit hinter die sowjetischen Linien. Hitler hatte darauf bestanden, dass sowjetische Industrieanlagen nicht angegriffen werden - er erkannte nämlich, dass diese weit verstreut und schwer zu finden waren. Der damit verbundene Aufwand hätte die deutsche Luftwaffe nur von anderen Einsätzen abgehalten. Die Erfolge gegen andere Ziele ließen sich aber sehen. Das II. Fliegerkorps, das zu Kesselrings Luftflotte 2 gehörte, zerstörte beispielsweise 356 Züge, 14 Brücken und zahlreiche Truppenkonzentrationen zwischen dem 22. Juni und dem 9. September 1941. Bereits am 9. Juli war es gelungen, den Schienenverkehr westlich des Dnjepr völlig zum Stillstand zu bringen und dadurch den Spielraum der Sowjets wesentlich einzuschränken.

Im Licht dieser Erfolge schienen die gewaltigen Gebietserobe-rungen der Deutschen zwischen Juni und Oktober 1941 keine Überraschung zu sein. Im Norden hatten die Deutschen Lenin-grad Ende September bereits völlig eingeschlossen. Smolensk im mittleren Frontabschnitt war bereits gefallen, als Hitler Gude-rian in Richtung Süden schickte, um den Kessel bei Kiew zu schließen. Im Süden schließlich eroberte von Rundstedt nach Kiew auch noch Charkow und (vorübergehend) Rostow. Es sah aus, als ob »Barbarossa« planmäßig verlaufen würde.

Aber Anfang Oktober begannen sich die Dinge zu ändern, gerade als Guderian und andere Teile der Heeresgruppe Mitte auf Mos-kau vorstießen. Bei der riesigen Doppelschlacht von Wjasma und Brjansk gerieten weitere 673.000 Russen in deutsche Ge-fangenschaft. Gegen Ende des Monats lief sich der Vormarsch jedoch in einem Meer aus Schlamm fest, als der Herbstregen

Oben: Deutsche Truppen rücken an den brennenden Gebäuden eines sowjetischen Industriekomplexes im Sommer 1941 vor-bei. Die Ursache des Feuers kann ein Angriff der Luftwaffe ge-wesen sein, es ist aber auch möglich, dass die sich zurückzie-henden sowjetischen Truppen diese in ihrer Taktik der »ver-brannten Erde« angezündet haben.

Rechts oben: Truppen der Waffen-SS überqueren einen russi-schen Fluss im Sommer 1941. Die zerstörte Brücke hat die Versorgung des Feindes unterbrochen, aber verzögert nun auch den Vormarsch der Deutschen.

Rechts unten: Ein Fieseler Fi 156 Storch-Beobachtungsflug-zeug benützt in Ermangelung eines Flugplatzes eine Straße als Landebahn, Ukraine Sommer 1941.

einsetzte. Die Panzer konnten sich nicht mehr fortbewegen, und den Staffeln der Luftwaffe ging es nicht besser, da ihre Landepisten über Nacht plötzlich unbrauchbar wurden. Beißender Frost Anfang November ließ den Boden dann hart werden, sodass die Panzer bis auf 30 km an Moskau herankommen konnten.
Doch jetzt begannen auch die Temperaturen drastisch zu fallen (bis zu minus 30 °C) und Schneestürme fegten über die Front. Dies führte zu einer Reihe von weiteren Problemen. Die Bodenmannschaften der Luftwaffe konnten plötzlich die Flugzeugmotoren nicht mehr starten - das Öl war gefroren. Wenn ein Flugzeug dann doch abheben konnte, so war es fast unmöglich, irgendwelche Ziele ausfindig zu machen. Anfang Dezember musste sogar Hitler erkennen, dass ein weiteres Vorrücken unmöglich war. Der Feldzug kam für den Winter zum Stillstand. Die Sowjets jedoch, die an diese Bedingungen gewöhnt waren, starteten nun heftige Gegenangriffe rund um Moskau. Die Luftwaffe konnte nur wenig tun, um einen deutschen Rückzug zu verhindern. Es stand ein langer und harter Winter bevor.
Trotzdem konnte die Luftwaffe auf die letzten fünf Monate im Russlandfeldzug mit einigem Stolz zurückblicken. Mit durchschnittlich nur 1400 einsatzbereiten Kampfflugzeugen war es der Luftwaffe gelungen, mehr als 180.000 Einsätze unter den verschiedensten klimatischen Bedingungen zu fliegen. In deren Verlauf konnten zumindest 15.500 feindliche Flugzeuge, 3200 Panzer, 57.600 Fahrzeuge, 2450 Artilleriegeschütze und 1200 Lokomotiven zerstört werden. Dies erleichterte auch in nicht un-

Oben: Bodenmannschaften schieben eine Junkers Ju 88A auf einem Flugfeld in der Sowjetunion. Diese Maschine ist durch den anhaltenden Herbstregen 1941 bereits arg in Mitleidenschaft gezogen.

Links: Junkers Ju 88A fliegen an der Ostfront 1941 zu ihrem Angriffsziel. Während der Anfangsphase von »Barbarossa« traf die Luftwaffe auf wenig Gegenwehr in der Luft.

Unten: Ein voll beladener Junkers Ju 87-Stuka rollt im Winter 1941/42 an der Ostfront zum Start. Der gefrorene Boden ermöglichte das Anlegen von Rollbahnen, aber die tiefen Temperaturen des russischen Winters führten zu zahlreichen Problemen - so fror etwa das Motoröl ein. Es mussten spezielle Heizstrahler eingesetzt werden, um die Motoren betriebsbereit zu halten. So konnte zumindest einigermaßen problemfrei gestartet werden.

K A P I T E L   7

DAS BLATT WENDET SICH – RUSSLAND 1942/43

Während der Schlachten um Stalingrad und Kursk musste die Luftwaffe gewaltige Verluste sowohl an Flugzeugen als auch an Mannschaften hinnehmen. Neue Flugzeugtypen wurden nur zögernd in den Dienst gestellt, und die sowjetische Luftwaffe erholte sich zusehends.

Links: Mit rauchendem Backbordmotor stürzt eine Henschel Hs 129 ab. Die Hs 129 wurde speziell für den Erdangriff und die Bekämpfung von Panzern konstruiert und war deshalb stark gepanzert und bewaffnet.

Oben: Eine frühe Version des Heinkel He 117A schweren Bombers »Greif«. Die He 177 stellte für die Luftwaffe eine große Enttäuschung dar und es dauerte von Ende 1939 bis Ende 1942, ehe sie in den Staffeldienst gestellt werden konnte.

Jene deutschen Soldaten und Flieger, die an der Ostfront ausharren mussten, erlebten 1942/43 einen besonders harten Winter. Die körperlichen Strapazen übertrafen alles, was man zuvor angenommen hatte. Die Temperaturen lagen bei minus 30 °C, fühlten sich aber wesentlich kälter an, da ein eisiger Wind von Sibirien her wehte. Außerdem gelang es den Sowjets viel schneller, sich an die unwirtlichen Bedingungen anzupassen. Dies zeigte sich besonders bei den sowjetischen Gegenangriffen rund um Moskau Anfang Dezember 1941, als den russischen Soldaten die Witterung überhaupt nichts auszumachen schien. Trotz alledem mussten sie dabei hohe Verluste hinnehmen.

Oben: Die Einöde eines winterlichen Flugfelds an der Ostfront ist an dieser Aufnahme von Junkers Ju 87-Stukas deutlich zu erkennen. Die Schneeverwehungen und schlechte Sicht machten einen Einsatz der Flugzeuge unmöglich. Alles, was man tun konnte, war, die Flugzeuge vor den Witterungseinflüssen so gut es ging zu schützen und auf bessere Zeiten zu warten.

Rechts: Ein Junkers Ju 52-Transportflugzeug fliegt über die schneebedeckten Weiten der russischen Steppen im Winter 1942/43. Es waren Flugzeuge wie diese, die vergeblich die eingeschlossenen Soldaten in Stalingrad mit dem Notwendigsten zu versorgen versuchten. Die Ju 52 erwiesen sich jedoch als zu langsam und verwundbar, um gegen einen solch starken Feind bestehen zu können.

Oben links: Junkers Ju 88A mittlere Bomber auf einem gefrorenen Flugfeld an der Ostfront im Winter 1942/43. Der Boden wurde geräumt, um eine Startbahn zu erhalten, aber aufgrund der Kälte mussten die Motoren mit Zeltplanen abgedeckt werden. Das hinten am Cockpit angebrachte Maschinengewehr deutet darauf hin, dass ein Einsatz bevorsteht.

Unten links: Durch die tiefen Temperaturen an der Ostfront gefror das Motoröl und so musste man Methoden finden, um die Flugzeuge einsatzbereit zu bekommen. Hier versuchte man mit Heizöfen die Motoren einer Ju 88A zu erwärmen, während die Plexiglasflächen abgedeckt wurden.

konnten einige Erfolge verbucht werden. So versenkten die Deutschen im Mai 1942 sieben Frachtschiffe des Konvois PQ16. Zwei Monate später verlor der Unglückskonvoi PQ17 24 von seinen insgesamt 34 Handelsschiffen, sieben davon allein durch Luftangriffe. Der Einsatz der Luftwaffe schien sich zu lohnen, bedeutete aber auch, dass noch weniger Flugzeuge an der Ostfront verfügbar waren.

Der Vormarsch auf Stalingrad

Als der Fall »Blau« am 28. Juni begann, waren Görings Einheiten folglich weit verstreut. Von überall an der Ostfront wurden Staffeln zusammengezogen, um eine beachtliche Flotte von rund 1600 Bombern und Jägern zu bilden. Es gab aber nur wenige Reserven und der Großteil der aus Demjansk, Cholm und der Krim eintreffenden Mannschaften war erschöpft. Dennoch verlief der Angriff der Deutschen zu Beginn erfolgreich, da vor allem die Luftwaffe den Bodentruppen die gewünschte Nahkampfunterstützung zukommen ließ. Auch hier bewährte sich das gewohnte Schema: über dem Schlachtfeld die Luftüberlegenheit zu gewinnen und zu halten, damit die Bomber und Stukas feindliche Ziele lokalisieren und vernichten können.

Anfang Juli überquerte die Heeresgruppe Süd den Don bei Woronesch und konnte einen Großteil der sowjetischen Kräfte am Westufer einkreisen und vernichten. Eigentlich war nun vorgesehen, die Truppen zu sammeln und dann Rostow einzunehmen und in den Kaukasus vorzustoßen. Doch leider griff hier Hitler ein und teilte die Heeresgruppe Süd in die Heeresgruppen A und B auf. Während Erstere nach Süden in den Kaukasus vorstoßen sollte, erhielt die Heeresgruppe B den Auftrag, entlang des Don vorzurücken und die sich vor Stalingrad zusammenziehenden sowjetischen Truppen zu umfassen.

Doch es kam noch schlimmer. Am 30. Juli griff Hitler erneut ein und befahl die Eroberung von Stalingrad durch die Heeresgruppe B, mit der 4. Panzerarmee und der 6. Armee als Angriffsspitze. Dies war eine fatale Entscheidung: statt eines konzertierten Angriffs mit einem einzigen Einsatzziel, verfolgten die Deutschen nun zwei getrennte Operationen, die die eigenen Nachschubwege an den Rand des Zusammenbruchs brachten.

Oben: Eine Heinkel He 111 des Kampfgeschwaders 53 »Legion Condor« an der Front bei Leningrad im Frühjahr 1943 wird mit Bomben bestückt. Der Untergrund, auf dem das Flugzeug steht, wurde besonders verdichtet, um die Schlammbildung zu verhindern.

Oben links: Ein Junkers Ju 52-Rettungsflugzeug wird im Sommer 1943 entladen. Das Ausfliegen von Verwundeten war eine der Hauptaufgaben der Ju 52. Dies traf vor allem für die Ostfront zu, wo die weiten Entfernungen eine andere Art des Transportes nicht erlaubten.

Unten links: Leicht verwundete Soldaten warten darauf, an Bord eines Junkers Ju 52-Rettungsflugzeugs zu gehen. Das rote Kreuz am Rumpf sollte zwar vor einem Angriff schützen, aber es gab nie die Gewähr, dass sich die Sowjets auch daran hielten.

Die Luftwaffe an ihren Grenzen

Dies bemerkte vor allem die Luftwaffe, deren Stärke bis Mitte Juli auf knapp 1300 Maschinen geschrumpft war. Dennoch wurde von den Besatzungen dieser Maschinen erwartet, auf einer Frontlinie von mehr als 4320 km im selben Ausmaß wie zuvor Einsätze zur Nahkampfunterstützung zu fliegen. Gleichzeitig mussten sie aber auch auf Wunsch Hitlers die sowjetischen Nachschublinien angreifen, die sich jedoch bis nach Astrachan am Kaspischen Meer erstreckten. Trotzdem verlief der Vorstoß recht erfolgreich. Teile der Heeresgruppe A waren bis zum 9. Au-

gust mit Unterstützung der Luftwaffe bereits 320 km tief in den Kaukasus vorgedrungen, und die 6. Armee unter Generalleutnant Friedrich Paulus erreichte zwei Wochen später, ebenfalls mit Luftunterstützung, die Wolga nördlich von Stalingrad.
Aber dann wendete sich das Blatt. Immer mehr Flugzeuge gingen durch Feindeinwirkung - oder weitaus häufiger durch Unfälle - verloren und konnten nicht rasch genug ersetzt werden. Daneben dauerten einfachste Reparaturen aufgrund fehlender Wartungseinrichtungen und Luftbasen meistens viel zu lang. Dazu kam, dass von den Männern der Luftwaffe viel zu viel verlangt wurde. Vielfach mussten sie vier oder fünf Einsätze am Tag gegen einen Feind fliegen, der seine Luftstärke allmählich wieder erreichte. Immer mehr Flugzeuge kamen sowohl aus der eigenen Industrieproduktion (aus Fabriken, die sicher hinter dem Ural lagen) als auch durch die angloamerikanischen Hilfskonvois an die Front. Das Gleichgewicht begann sich zu verschieben.

Versuche, Stalingrad zu entsetzen

Dies zeigte sich bereits deutlich, als die Schlacht um Stalingrad begann. Trotz größter Anstrengungen seitens der Luftwaffe gelang es Paulus´ Truppen im September 1942 nicht, die Stadt einzunehmen. Der Kampf um Stalingrad entwickelte sich zu einem erbitterten Ringen um jeden Häuserblock und Straßenzug, wobei die Luftwaffe wenig helfen konnte. Die feindlichen Stellungen lagen zu nahe bei den deutschen Linien und weitere Bombardements hätten nur noch mehr Schutt erzeugt, in dem sich die sowjetischen Infanteristen verstecken hätten können. Im Oktober hatten sich die Deutschen festgelaufen.
Bereits einen Monat später gingen die Sowjets zum Gegenangriff über. Über die geschwächten Flanken schlossen sie in einem brillanten Manöver die Stadt ein. An die 300.000 deutschen Soldaten befanden sich nun in einem Kessel, der 48 Quadratkilometer groß war, als der Winter einbrach. Hitler lehnte es ab, einem Ausbruch aus dem Kessel zuzustimmen. Er weigerte sich auch dann, als eine deutsche Gegenoffensive bis an 56 km an die eingeschlossenen Männer herankam. Statt dessen befahl er Göring - eingedenk der Erfolge bei Demjansk und Cholm - Paulus aus der Luft zu versorgen (der Chef der Luftwaffe hatte Hitler versichert, dass seine Luftwaffe die eingeschlossene 6. Armee in Stalingrad versorgen könnte).

Stalingrad - die unmögliche Aufgabe

Es war eine schier unlösbare Aufgabe. Paulus´ Armee benötigte geschätzte 762 Tonnen Nachschub pro Tag, falls sie als Kampfeinheit bestehen wollte. Um das eigene nackte Leben zu retten, wären immer noch 508 Tonnen nötig gewesen (dabei müssten alle Pferde geschlachtet und ihr Fleisch als Teil der Fleischration verteilt werden). Doch auch dazu war die Luftwaffe nicht in der Lage. Eine Ju 52 konnte pro Flug rund zwei Tonnen Nachschubgüter transportieren. Rein rechnerisch gesehen, hätten also zwischen 250 und 375 Flugzeuge genügt. Die meisten Transporteinheiten an der Ostfront hatten jedoch große Probleme, mehr als 35 Prozent ihrer Flugzeuge in den Wintermonaten einsatzbereit zu halten.
So standen dem VIII. Fliegerkorps, das mit dieser nicht beneidenswerten Aufgabe beauftragt worden war, anfänglich auch 320 Ju 52 zur Verfügung. Tatsächlich waren aber nur so wenige flugbereit, dass von Richthofen umgebaute Heinkel He 111 und sonstige verfügbare Großflugzeuge einsetzen musste. Dazu zählten Fw 200, Junkers Ju 90 und 290 und Heinkel He 177, von denen sich nur wenige für diese Aufgabe als geeignet erwiesen und keine den Winter überstand.
Je länger die Luftbrücke außerdem dauerte, desto weiter drängten die sowjetischen Bodentruppen die deutschen Luftstützpunkte von Stalingrad weg. So mussten Anfang Januar 1943 bereits Umwege von bis zu 800 km geflogen werden, wobei die russische Luftwaffe immer mehr die Lufthoheit an sich riss. An guten Tagen schaffte die Luftwaffe 305 Tonnen Nachschub,

Links: Ein Arado Ar 232B-0 viermotoriges Mehrzweck-Transportflugzeug 1943. Etwa 40 solcher Flugzeuge wurden gebaut und in Russland 1943/44 bei der Ergänzungs-Transportgruppe eingesetzt. Sie kamen hauptsächlich bei Sonderunternehmen zum Einsatz.

Rechts: Eine Junkers Ju 52 vor der Landung auf einem Grasflugfeld an der Ostfront im Sommer 1943. Die gewaltigen Ebenen der russischen Steppen waren beeindruckend. Den vorrückenden deutschen Soldaten schienen sie endlos zu sein, und das Flugzeug war meist der einzige Weg, um rasch vorwärts zu kommen.

Unten: Männer einer deutschen Fahrradeinheit verlassen ein Junkers Ju 52-Transportflugzeug an der Ostfront 1943. Solch eine Kombination von Lufttransport und Pedalkraft stellte für die riesigen Ebenen Russlands keine geeignete Antwort dar. Sie waren den sowjetischen Waffen vielmehr schutzlos ausgeliefert.

Oben: 1943, nach enormen Verlusten an der Ostfront, finden sich in Deutschland nicht mehr genügend Soldaten. Immer mehr Rekruten werden folglich in den eroberten Gebieten in Westeuropa angeworben. Dies hier sind flämische Freiwillige in SS-Uniform mit Helmen der Luftwaffe.

Unten: Ein Heinkel He 111H-Bomber auf einem Flugfeld an der Ostfront 1943. Die Nähe der Bomben lässt vermuten, dass er gerade für einen Einsatz bestückt wird. Ohne Jägerschutz war die He 111 sehr verwundbar.

aber der Durchschnitt lag eher bei 203 Tonnen. An manchen Tagen gab es überhaupt keine Versorgungsflüge. Dies war entschieden zu wenig.

Eine gewaltige Anstrengung umsonst

Abgesehen von Kälte und Hunger mussten Paulus´ Männer in der Zwischenzeit ständige sowjetische Angriffe abwehren. Am 16. Januar ging im Kessel auch die Kontrolle über den Flugplatz bei Pitomnik verloren. Es blieb nur mehr die wesentlich kleinere Rollbahn bei Gumrak, um die Transportflugzeuge zu entladen. Als diese dann am 21. Januar von den Sowjets erobert wurde, gab es nur mehr wenig, was die Luftwaffe tun konnte. Sie versuchte zwar, Nachschub mit Fallschirmen abzuwerfen, aber der Großteil davon ging hinter den sowjetischen Linien nieder.

Am 31. Januar 1943 ergab sich Paulus mit den Resten seiner Armee. Einzelne Gruppen hielten noch weitere 48 Stunden aus. Die Luftbrücke dauerte folglich offiziell 70 Tage (vom 25. November bis zum 2. Februar 1943), in deren Verlauf in 3500 Versorgungsflügen etwas mehr als 6604 Tonnen Güter transportiert und rund 34.000 Verwundete ausgeflogen wurden. Der Preis für die Luftwaffe war horrend: Das VIII. Fliegerkorps verlor insgesamt 488 Flugzeuge, davon 266 Ju 52.

Die Verluste beginnen sich auszuwirken

Schon vor der Kapitulation der 6. Armee stießen die Sowjets nach vorne und drängten andere deutsche Einheiten hinter Charkow zurück. Den Deutschen gelang es zwar im März in einer Gegenoffensive, die Lage zu stabilisieren, aber erstmals konnte die Unterstützung der Luftwaffe nicht garantiert werden. Die Verluste vom Winter waren nicht völlig ersetzt worden und die Bodenverhältnisse insbesondere während des Tauwetters im Frühling so schlecht, dass ein regelmäßiger Einsatz der Staffeln nicht möglich war. Dazu kam noch, dass sich nun die sowjetische Luftwaffe mit einer gewaltigen Anzahl an modernen und überlegenen Flugzeugen wieder ins Kampfgeschehen einschaltete. Vor allem die Ju 87, die bei der Nahkampfunterstützung eine wesentliche Rolle spielten, wurden zu einer leichten Beute für die sowjetischen Maschinen. Wie sich schon bei der Schlacht um England

Unten: Ein Henschel Hs 129-Erdkampfflugzeug auf einer Nachkriegsaufnahme. Diese Maschine wurde von den Amerikanern erbeutet, was auch die falschen Kennzeichen am Rumpf erklärt. Einige Hs 129 waren mit einer 7,5-cm-Panzerabwehrkanone ausgerüstet.

Oben: General der Luftwaffe Gunther Korten ersetzte Jeschonnek als Stabschef nach dessen Selbstmord im August 1943. Korten fand es wie sein Vorgänger unmöglich, mit Göring zusammenzuarbeiten.

Unten: Eine Junkers Ju 87G mit einer 3,7-cm-Flak 18 unter dem Steuerbordflügel. Die Entscheidung, die Stukas mit Panzerabwehrkanonen auszurüsten, fiel 1942.

gezeigt hatte, konnte dieser langsame und veraltete Sturzkampfbomber den schnellen Abfangjägern nichts entgegensetzen. Zusätzlich verzögerte sich auch noch die Produktion des Stuka-Nachfolgemodells - die Henschel Hs 129B mussten sich erst noch im Kampf bewähren. Dies geschah zu einem Zeitpunkt, als die Sowjets ihre Bodenangrifftechnik mit der vielseitig verwendbaren Iljuschin Il-2 »Schturmowik« perfektionierten.

Die Luftwaffe bei Kursk

Das immer deutlichere Ungleichgewicht der Luftstreitkräfte an der Ostfront zeigte sich vor allem während der Operation »Zitadelle«. Zwei von Hitlers Armeen - die 9. Armee und die 4. Panzerarmee - sollten den Frontbogen bei Kursk in einer Zangenbewegung angreifen. Wäre dies bereits im März 1943 erfolgt, als sich dieser Bogen abzeichnete, dann hätte es wahrscheinlich gute Aussichten auf einen Erfolg gegeben. Zu diesem Zeitpunkt sahen sich die Deutschen aber nicht dazu in der Lage. Die Bodentruppen benötigten dringend neuen Nachschub an Waffen und Gerät (nicht zuletzt mit den neuen Panther- und Tiger-Panzern) und die Luftwaffe hatte ebenfalls sofortigen Ersatz nötig. Die Offensive konnte daher erst am 5. Juli gestartet werden, weshalb den Sowjets reichlich Zeit blieb, um sich entsprechend vorzubereiten.

Hitler versammelte eine gewaltige Streitkraft von 900.000 Soldaten, 10.000 Geschützen und 2700 Panzern für diese Schlacht. Dazu kamen noch 1800 Kampfflugzeuge der Luftwaffe. Die Luftflotte 4 mit 1100 Maschinen im Süden zur Unterstützung der 4. Panzerarmee und die 1. Fliegerdivision (Luftflotte 6) mit 700 Flugzeugen im Norden an der Seite der 9. Armee. Dabei setzte die Luftwaffe erstmals ein neues Flugzeug ein: das Henschel 129B-Schlachtflugzeug. Diese neu aufgestellte Einheit unter Hauptmann Bruno Meyer erwies sich gegen die sowjetischen Panzer als äußerst wirksam. Ihre 3-cm-Geschosse mit Wolframkern stoppten u. a. eine russische Panzerbrigade und zwangen sie am 9. Juli zum Rückzug.

Dies war aber nicht genug. Trotz des gewaltigen Einsatzes der Luftwaffe (manche Piloten flogen während der ersten Woche sechs oder sieben Einsätze pro Tag) erwies sich die sowjetische Verteidigung als eine Falle, in deren engmaschigen Verteidigungslinien sich die angreifenden Bodentruppen verfingen.

Nach der Schlacht gingen die Sowjets in die Offensive über und die Luftwaffe musste den Bodentruppen bei ihrem verzweifelten Versuch, die Verteidigungsstellungen neu zu formleren, zu Hilfe

kommen. Dieser Einsatz war zwar erfolgreich, aber die Treibstoffvorräte der Luftwaffe wurden immer knapper. Am 23. Juli befanden sich die Deutschen wieder in ihren Ausgangsstellungen.

Nach dem Scheitern der Kursk-Offensive bemühte sich die Luftwaffe, vor allem jene Wehrmachtseinheiten zu unterstützen, die die Linie am Donez zu halten versuchten. Ihre Flugzeuge waren aber viel zu verstreut. In verzweifelten Bemühungen, auf die russischen Initiativen zu reagieren, eilten die Luftwaffeneinheiten von einem Frontende zum anderen. So war es auch nicht verwunderlich, dass die Sowjets Ende 1943 gewaltige Gebietsgewinne erzielt hatten. Die Deutschen mussten sich hinter den Dnjepr zurückziehen und befanden nur mehr rund 320 km von der Vorkriegsgrenze entfernt. Wäre dies der einzige Kriegsschauplatz gewesen, so hätten sich die Deutschen vielleicht erholen können. Doch Ende 1943 war für sie der strategische Albtraum eines Mehrfrontenkrieges bereits Realität geworden. Zahlreiche Jägerstaffeln wurden so abgezogen, um den Himmel über Deutschland vor den alliierten Bombern zu schützen.

Rechts: Russische Truppen rücken unter feindlichem Artilleriefeuer und Fliegerangriffen gegen deutsche Stellungen im Sommer 1943 vor. Der Soldat im Vordergrund wird gerade von einer Kugel getroffen.

Unten: Eine gut getarnte deutsche 7,5-cm-Pak 40 Panzerabwehrkanone bei Kursk. Über ihr bombardiert die Luftwaffe pausenlos sowjetische Stellungen, um die russischen Verteidigungsstellungen zu durchbrechen.

KAPITEL 8

LUFTKAMPF ÜBER DEUTSCHLAND

Die alliierten Bombenangriffe erfolgten zuerst sporadisch, doch als sie dann ihre volle Wucht entwickelt hatten, konnte die Luftwaffe die völlige Zerstörung der Städte und Industrieanlagen im Dritten Reich nicht mehr verhindern.

Links: Einer der 288 Avro Lancaster-Bomber der RAF, die am 4. August 1944 am Tag ein Erdöllager bei Dec-d'Ambes und Pauillac in der Nähe von Bordeaux angreifen.

Oben: Ein Focke-Wulf Fw 190A-Jäger rollt 1943 auf einem recht primitiven Flugfeld zum Start. Die Fw 190, deren Jungfernflug 1939 erfolgte, wurde ab Mitte 1941 eingesetzt.

Bis 1942 schien es nicht nötig zu sein, für die Verteidigung Deutschlands eine größere Zahl an Jägern oder Fliegerabwehrkanonen (Flak) bereit zu halten. Das RAF Bomber Command ließ in den Jahren 1940 und 1941 seine Bomberflotte nur sehr selten Einsätze gegen Deutschland fliegen. Wenn doch, dann hielten sich die dabei verursachten Schäden meist im Rahmen. Die Deutschen verfügten nämlich über eine derart wirksame Luftabwehr, dass die Briten von Tag- auf Nachtangriffe übergegangen waren. Darunter litt jedoch die Genauigkeit der Navigation und der Bombenabwürfe. Im August 1941 mussten sich die Briten eingestehen, dass von den gegen das Ruhrgebiet eingesetzten Flugzeugen nur rund ein Drittel ihre Bomben inner-

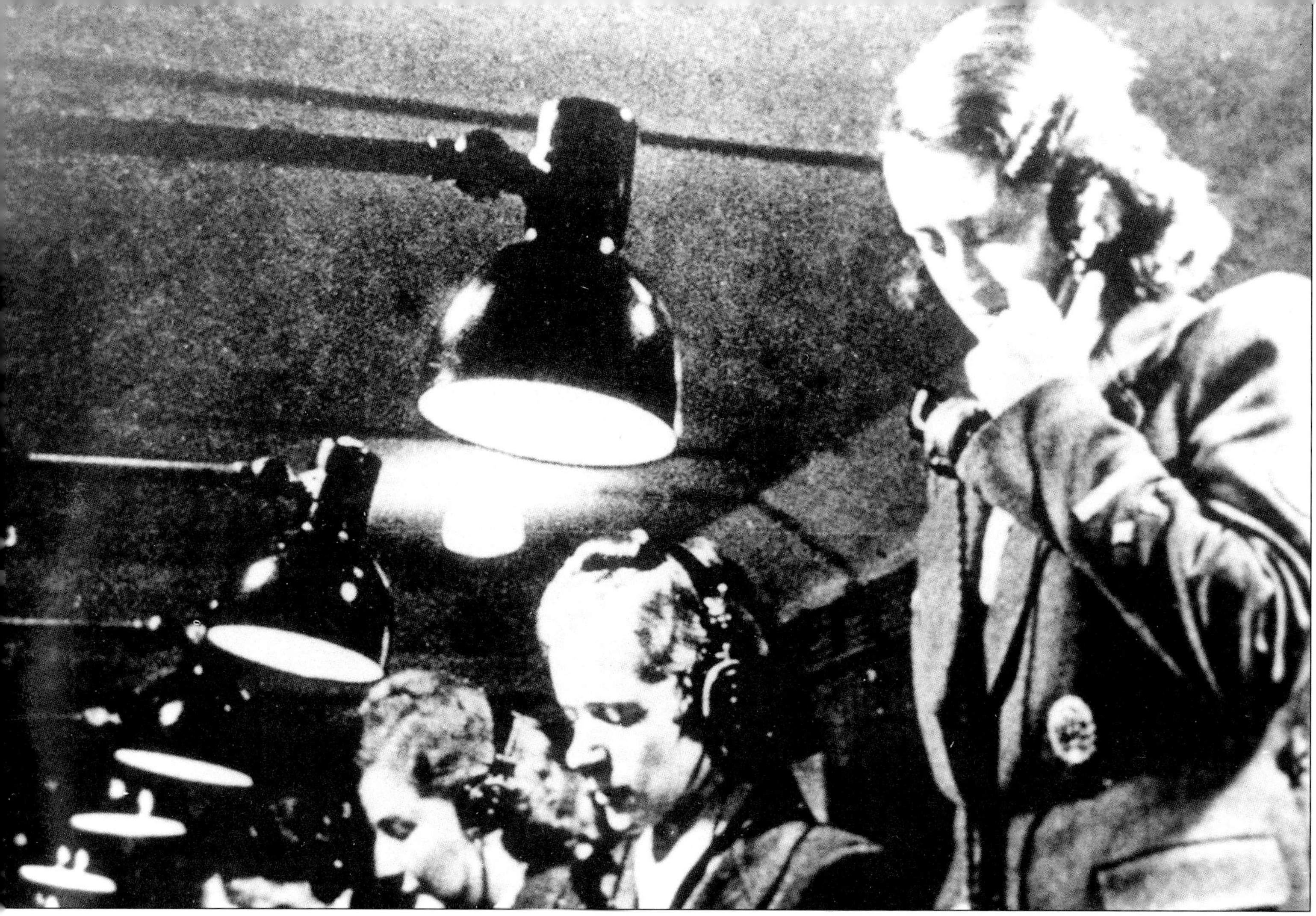

Oben: Eine Hauptführerin (an den drei Sternen und dem einzelnen Streifen am Ärmel zu erkennen) der Luftwaffenhelferinnenschaft hilft bei der Koordinierung der Luftverteidigung 1941. Sie ist für die weiblichen Telefonistinnen verantwortlich, die mit den Nachtjägerflugplätzen und Fliegerabwehrstellen in Kontakt stehen.

Links: Eine Batterie einer 12,8-cm-Flugabwehrkanone (Flak) 40 wird 1942 in Deutschland für den Einsatz vorbereitet. Die 1937 gebaute und erprobte Flak 40 konnte ein 26 kg schweres Geschoss auf eine maximale Höhe von 14.800 m schießen. Dies machte sie zu einer hervorragenden Waffe gegen alliierte Bomber.

Oben rechts: Eine Luftwaffenhelferin (H3) stellt bei einem 150-cm-Flakscheinwerfer über den Zieldiopter das Grobziel ein (1944). Freiwillige Luftwaffenhelferinnen wurden seit Oktober 1943 eingesetzt, um die deutschen Fliegerabwehreinheiten aufzustocken, damit Männer für den Frontdienst abgezogen werden konnten.

Mitte rechts: Eine Oberhelferin (H2; an den zwei Winkeln am linken Ärmel zu erkennen) führt 1944 mit dem Brustlenker eines 150-cm-Flakscheinwerfers den Lichtkegel.

Unten rechts: Estnische Freiwillige bei einer Schauübung an einem 2-cm-Flakvierling 38 vor einem Offizier der Luftwaffe auf Inspektion.

halb von 8 km vom geplanten Ziel entfernt abwarfen. Zu einer Zeit, als die deutschen Streitkräfte den Balkan eroberten und tief in die Sowjetunion vorstießen, schien es nicht notwendig zu sein, die Luftabwehr zu Hause zu verstärken.
Dies brachte auch die Anzahl der in Deutschland stationierten Abfangjäger zum Ausdruck: Ende 1940 waren es nur 165 und ein Jahr später auch nicht mehr als 300. Aber es wäre falsch anzunehmen, dass zu dieser Zeit überhaupt keine Anstrengungen in dieser Hinsicht erfolgt sind. Bereits im Juli 1940 erhielt General Josef Kammhuber von Göring den Auftrag, eine Nachtverteidigung aufzubauen. Dessen Innovationen sollten später dann eine starke Grundlage für die Luftverteidigung bilden. Sein System wurde - logischerweise - als die Kammhuber-Abwehrlinie bezeichnet und reichte schließlich von Dänemark bis nach Südfrankreich.
Ihr Kernstück bildete eine »Himmelbett« genannte Anordnung, wobei die voraussichtlichen Einflugschneisen von Großbritannien nach Deutschland in »Sektoren« aufgeteilt wurden. Darin befand sich die aus Radarstationen, Jägern, Suchscheinwerfern und Flugabwehrkanonen zusammengesetzte Luftabwehr. Eine »Freya« genannte Radaranlage war für die allgemeine Überwachung des Luftraums zuständig. Die weniger weitreichenden »Würzburg«-Geräte hingegen, die mit der Bodenleitstelle der Nachtjäger verbunden waren, konzentrierten sich auf die anfliegenden Bomber. Diese würden dann die Abfangjäger in Richtung der Bomber dirigieren. Falls dies jedoch nicht möglich war, so sollten die Nachtjäger den Bombern bis in den von den Scheinwerfern erhellten Bereich folgen. Wenn auch dies scheiterte, so gab es immer noch die Flugabwehrkanonen.
Es war dies ein für seine Zeit höchst effizientes System.

Die Vergeltungsschläge der Luftwaffe

Anfang 1942 verstärkte die RAF jedoch ihre Luftpräsenz. Erstmals kamen ihre neuen viermotorigen schweren Bomber zum Einsatz, und unter der zielstrebigen Führung von Luftmarschall Arthur Harris wurde eine neue Strategie angewandt. In massierten Flächenbombardements versuchte man nicht einzelne Fabriksanlagen, sondern ganze Städte zu zerstören. Diese Methode verlangte keine große Genauigkeit mehr, führte jedoch zu gewaltigen zivilen Verlusten und Verwüstungen. Am 28./29. März 1942 wurde beispielsweise die Stadt Lübeck dem Erdboden gleich gemacht, und zwei Monate später folgte Rostock. In beiden Fällen griffen die Bomber nicht mehr in mehreren kleineren Wellen an, sondern durchbrachen die Kammhuber-Linie mit einem einzigen großen Verband.
Hitler war fuchsteufelswild. Unmittelbar nach dem Angriff auf Lübeck befahl er der Luftflotte 3, Gegenangriffe zu starten. Der erste fand in der Nacht vom 23. auf den 24. April statt, als 24 Dornier Do 217 Exeter bombardierten. Nur wenige Stunden später folgte dann noch ein zweiter Angriff. Bath wurde in derselben Nacht wie Rostock Opfer eines Luftangriffs. Diesen Zufall nützte Hitler sofort zu einer theatralischen Geste. In einer leidenschaftlichen Rede an das deutsche Volk hielt er eine Vorkriegsausgabe eines Baedeker-Reiseführers in die Luft und verkündete, dass sämtliche darin enthaltenen Städte ausradiert werden würden.
Bis Ende Juli flogen Bomber der Luftwaffe zahlreiche Angriffe gegen englische Städte, wie Norwich, Exeter, York, Hull und Birmingham. Diese gingen in die Geschichte als »Baedecker Raids« ein. Einige dieser Bombardements richteten verheerende Schäden an - Exeter war am 3./4. Mai zum dritten Mal das Ziel und ging in Flammen auf. Die Luftflotte 3 konnte diese Kampagne aber nicht durchhalten. Die Flugzeugverluste nahmen zu und

Oben: Im September 1944 landeten alliierte Luftlandetruppen im Süden der Niederlande und besetzten Brücken über die Maas, den Waal und den Niederrhein. Als Teil eines »Aufweichungs«-Prozesses griff die RAF am 16./17. September den Flugplatz bei Arnheim an.

Unten: Ein Flugfeld bei Arnheim nach einem Angriff der RAF. Ein Reparatur- und Abschleppteam der Luftwaffe rastet auf dem Flügel einer schwer beschädigten Ju 52. Der Luftangriff scheint erfolgreich gewesen zu sein, obwohl die hier gezeigten Ju 52 repariert werden können.

Oben: Während desselben Luftangriffs vom 16./17. September 1944 wurde auch das Junkers & Co. Werk in Arnheim getroffen. Zu diesem Zeitpunkt des Krieges verfügte die RAF über eine derartige Luftüberlegenheit, dass sie solche Angriffe gefahrlos durchführen konnte - die Luftwaffe spielte keine große Rolle mehr.

Rechts: Das auf der gegenüberliegenden Seite gezeigte Reparatur- und Abschleppteam der Luftwaffe hat seine Arbeit erledigt. Die Reste einer Ju 52 - der vordere Rumpf ohne Flügel - stehen am Straßenrand bereit, um abgeholt zu werden. Es ist nicht viel übrig geblieben.

Unten: Eine andere Ansicht der beiden bei Arnheim im September 1944 schwer beschädigten Junkers Ju 52. Sämtliche Aufnahmen auf diesen beiden Seiten stammen von einer Filmrolle, die von den Briten 1944 erbeutet und vom Nachrichtendienst entwickelt wurde. So weit bekannt ist, sind sie bis jetzt noch nie veröffentlicht worden.

Oben: Boeing B 17 der 381. Bombardment Group der 8. US-Luftflotte (8. USAAF) erzeugen diese deutlichen Kondensstreifen auf ihrem Flug nach Deutschland, 1944. Das Flugzeug an der Spitze ist eine B 17F, dem mehrere B 17G folgen.

Unten: Avro Lancasters der 463. Staffel des RAF Bomber Command im Formationsflug auf dem Weg nach Deutschland 1944. Die Lancaster wurde für Nachtoperationen gebaut (und auch dementsprechend angestrichen).

Oben: Ein Teil der Bombenlast der Boeing B 17 »Fliegenden Festungen« fällt auf ein Ziel in Deutschland 1944. Der »Behälter« unterhalb des Rumpfes ist das H2X-Panorama-Bordradar, das anstelle des normalen Bodenturms installiert wurde. Es handelt sich hier also um einen sogenannten »Pathfinder« (Pfadfinder).

Unten: Die B 17 des Staffelführers wirft ihre Bomben als ein Signal für die anderen ab, es ihr gleich zu tun (1944). Die Flugzeuge fliegen in lockerer Formation, obwohl ihre Maschinengewehre immer noch zum gegenseitigen Schutz einsatzbereit sind. Die Rauchfahne in der Mitte könnte von einer abstürzenden B 17 stammen.

aufgrund der wenigen Reserven verlief die Operation allmählich im Sand. Abgesehen von einer kurzen Reihe von Angriffen auf London Anfang 1944 stellte dies den Schwanengesang der Luftwaffe über den Britischen Inseln dar.
In der Zwischenzeit war die RAF nicht untätig geblieben und startete am 30./31. Mai 1942 den ersten ihrer »1000-Bomber-Angriffe« gegen Köln. Verglichen mit den noch bevorstehenden Angriffen hielten sich die dabei verursachten Schäden zwar im Rahmen, machten aber deutlich, dass die deutsche Luftverteidigung verbessert werden musste. Neben anderen deutschen Städten geriet auch Hamburg ins Visier der englischen Bomberflotte und wurde im Juli 1942 zweimal bombardiert. Der erste Angriff vernichtete die Wasserversorgung und Zivilverteidigung der Stadt. Beim zweiten Angriff verursachten die abgeworfenen Brandbomben zahlreiche kleine Feuer, die sich bald zu einer gewaltigen Feuersbrunst vereinten. Dieses Flammenmeer tötete

Oben: Luftwaffenass Kurt Bühligen (rechts) bespricht 1944 mit einem Pilotenkameraden die Taktik. Bühligen erhielt am 2. März 1944 das Eichenlaub, nachdem er seinen 96. Abschuss verzeichnen konnte.

Unten: Ein erfahrener Pilot weist Neuzugänge zu seiner Staffel kurz über die Raffinessen der Jägertechnik ein. Das Modell in seiner Hand scheint eine Focke-Wulf Fw 190 zu sein. Im Hintergrund ist eine echte zu sehen.

Oben: Oberstleutnant Egon Mayer (in der Mitte mit kurzen Hosen) besucht die Absturzstelle eines seiner bei Tag abgeschossenen Gegner - eine B 17 der 8. USAAF. Mayer erhielt nach seinem 63. Luftsieg am 16. April 1943 das Eichenlaub zu seinem Ritterkreuz (das er um den Hals trägt). Die alliierten Bombenangriffe zwangen 1943 die Deutschen, ihre Flugzeuge und Rohstoffquellen aufzuteilen, um der Luftbedrohung zu begegnen. Diese Angriffe wurde sowohl von den Bombern des RAF Bomber Command als auch der 8. US-Luftflotte durchgeführt. Die Amerikaner konzentrierten sich vorwiegend auf industrielle Ziele, während die Engländer Städte angriffen. Deren Strategie führte zu schrecklichen Verlusten. Während des Luftangriffs auf Hamburg im Juli 1943 zerstörte der entfachte Feuersturm 70 Prozent der Stadt und tötete mehr als 30.000 Menschen. Es war dies jedoch nur der Vorgeschmack auf kommende Ereignisse. Trotzdem gelang es den Deutschen 1943, ihre Verteidigung gegen die Bombenangriffe effektiver zu organisieren, indem sie zur Kammhuber-Linie noch zusätzliche Jäger stationierten.

Oben rechts: Oberst Helmut Lent, einer der erfolgreichsten Nachtjägerpiloten der Luftwaffe. Er erhielt am 6. Juni 1942 das Eichenlaub zum Ritterkreuz. Bis dahin hatte er insgesamt 35 Nachtbomber abgeschossen.

Mitte rechts: Gordon M. Gollob wurde am 26. Oktober 1941 für seinen 85. Luftsieg mit dem Eichenlaub zu seinem Ritterkreuz ausgezeichnet. Gollob, damals im Rang eines Generalmajors, ersetzte am 15. Januar 1945 Adolf Galland als Generalinspektor der Jagdflieger.

Unten rechts: Heinz Wolfgang Schnaufer, das Topass der Nachtjägerpiloten der Luftwaffe. Er kam schließlich auf 121 Abschüsse, vorwiegend RAF-Lancaster und Halifax-Bomber. In der RAF war er als »Nachtgespenst von St. Trond« bekannt, dem Namen seines Stützpunktes in Belgien. Er überlebte den Krieg.

tausende von Menschen. Am 30. Juli kehrte die RAF ein drittes Mal zurück, aber der örtliche Gauleiter hatte bereits am Vortag die Zivilbevölkerung aufgefordert, die Stadt zu verlassen. So konnte mehr als eine Million Menschen evakuiert werden.

Im August 1942 begannen dann die ersten amerikanischen Bomber, ihre Operationen von ihren Stützpunkten in England aus durchzuführen. Zu Beginn flogen die schwer bewaffneten B 17 »Fliegenden Festungen« und B 24 »Liberators« nur Tagangriffe auf Ziele im besetzten Frankreich, in Belgien und den Niederlanden. Doch die Gefahr eines Luftangriffs auf Deutschland konnte nicht ausgeschlossen werden. So war man gezwungen, die Heimat Tag und Nacht zu schützen, um gegen diese Bedrohung gewappnet zu sein. Die bestehenden Verteidigungseinrichtungen würden dazu aber nicht ausreichen.

Der Ausbau der deutschen Verteidigung

Die Luftwaffe hatte folglich Ende 1942 ihre Stärke im Westen auf rund 400 Nacht- und 200 Tagjäger erhöht. Dazu kamen noch mehr als 1100 Flugabwehrkanonen. Die Auswirkungen dieser Aufrüstung auf andere Schauplätze waren beträchtlich. Nahezu alle eingesetzten Flugzeuge mussten nämlich von bestehenden Formationen abgezogen werden. Erhard Milch gab sich zwar große Mühe, um die Produktion zu steigern. Dafür benötigte er aber mehr Zeit und konnte dies nur auf Kosten der Entwicklung neuer Modelle erreichen. Der Krieg ging nun schon ins vierte Jahr und die Luftwaffe war noch immer mit jenen Flugzeugtypen ausgerüstet, die ihr bereits zu Beginn des Krieges zur Verfügung gestanden waren.

Einige, wie die Bf 109 und Ju 88, erfuhren allerdings' ständige Verbesserungen hinsichtlich ihrer Geschwindigkeit, Bewaffnung

Oben: Drei Focke-Wulf Fw 190A-0 einer Flugtestreihe lassen im Sommer 1941 ihre Motoren laufen. Im Vordergrund ist die »Kurzflügel«-Variante zu sehen. Dahinter stehen zwei »Langflügel«-Versionen. Die Fw 190 bewährte sich ausgezeichnet als Jäger.

und Belastbarkeit. Andere Modelle wiederum, wie die Bf 110 und Ju 87, erwiesen sich hingegen als gefährlich veraltet. Ihr ge planter Ersatz - vor allem die Heinkel He 177-Bomber und Messerschmitt Me 210-Langstreckenjäger - litt unter Budgetkürzungen, weshalb sich ihre Indienststellung beträchtlich verzögerte. Als sie dann schließlich doch an die Luftwaffe ausgeliefert wurden, zeigten sich derart massive Kinderkrankheiten, dass sie nur einen Bruchteil der Erwartungen erfüllen konnten.

Taktiken der Bomberabwehr

Unter solchen Umständen ist es überraschend, wie effektiv die deutsche Luftverteidigung 1943 und Anfang 1944 war. Die RAF verwendete inzwischen moderne Radar- und Zielfindungssysteme wie »Oboe« und das H2S-Panorama-Bordradar, um ihre Zielgenauigkeit zu verbessern. Die Amerikaner flogen hingegen zum besseren Schutz ihrer Bomber in defensiven »Pulkformationen«. Dennoch gelang es den Deutschen, sowohl bei Tag als auch in der Nacht zahlreiche feindliche Flugzeuge abzuschießen. Die Amerikaner verwendeten diese Technik erstmals Anfang 1943, um U-Boot-Stützpunkte und -Werkstätten zu bombardieren. Die Deutschen statteten daraufhin ihre Bf 109 und Fw 190 mit 2-cm-Kanonen und Raketen unter den Flügeln aus. Im Sturzflug brachen sie die feindlichen Pulkformationen auf und konnten da-

Oben: Focke-Wulf Fw 190A-4/R6 Pulk-Zerstörer mit zwei Wfr.Gr.21 Werfergranaten unter den Flügeln. Diese kamen vor allem gegen US-Tagesbomber zum Einsatz: die Geschosse sollten die Pulkformationen aufbrechen.

Unten: Ein Messerschmitt Bf 109F-Jäger steht 1943 bereit, um amerikanische Tagesbomber abzufangen. Der Pilot befindet sich bereits an Bord und wartet auf den Befehl, starten zu dürfen. Die übrigen Piloten, deren Einsatz auf sich warten lässt, entspannen sich einstweilen.

Oben: Ein Heinkel He 219 V1 Uhu-Nachtjäger, der ursprünglich zum Nachtgeschwader 1 gehörte. Dieses Exemplar wurde nach dem Krieg in England ausgestellt und ist mit einem FuG 212 Lichtenstein-Bordradar ausgestattet.

nach die einzelnen Flugzeuge leichter abschießen. Diese Methode führte im August und Oktober 1943 zu gewaltigen amerikanischen Verlusten, als B 17 der 8. US-Luftflotte die Messerschmitt-Werke in Regensburg und die Kugellagerwerke in Schweinfurt bombardieren wollten. In beiden Fällen gingen 60 »Fliegende Festungen« verloren und die Amerikaner mussten eine Pause einlegen, um ihre Strategie zu überdenken.

»Wilde« und »Zahme Sau«

Die Reaktion der Luftwaffe auf die Nachtangriffe der RAF fiel komplexer aus. Die Kammhuber-Abwehrlinie war Anfang 1943 noch immer intakt, obwohl sie gegen die gewaltigen britischen Bomberflotten nur wenig ausrichten konnte. Mit der Einführung der »Window«-Streifen ließ dann ihre Effizienz noch mehr nach. Dabei wurden dünne Aluminiumstreifen von den Bombern abgeworfen, um das deutsche Radar zu stören. Diese Methode kam erstmals bei den verheerenden Feuerangriffen auf Hamburg Ende Juli/Anfang August zum Einsatz. Dabei verloren geschätzte 50.000 Zivilisten ihr Leben (siehe vorher). Aber die Kammhuber-Verteidigungslinie ließ sich natürlich verbessern. So schlug Major Hajo Hermann vor, die Nachtjäger über dem Zielgebiet zu konzentrierten, anstatt über der Einflugschneise. (Von ihm stammte auch die Idee, die USA mit Flugbooten zu bombardieren, wobei die Versorgung mit Treibstoff und Bomben über U-Boote erfolgen sollten.) Die feindlichen Bomber selbst würden durch die britischen Zielmarkierungsbomben und deutschen Scheinwerfer deutlich zu sehen sein.

Diese Methode erhielt die Bezeichnung »Wilde Sau« und machte den Einsatz von Radargeräten überflüssig, um die Nachtjäger an die Bomber heranzuführen. Gleichzeitig erlaubte sie es, die feindlichen Bomber genau zu dem Zeitpunkt anzugreifen, wo sie sich vereinen sollten. »Wilde Sau« stellte zwar kein Allheilmittel dar, bot aber zumindest einen gewissen Schutz für die deutschen Städte, bis eine Antwort auf die »Window«-Streifen gefunden wurde. Eine Weiterentwicklung dieser Taktik war »Zahme Sau«. Dabei machte man sich die Störungen an den Bildschirmen des Bodenradars zunutze, die die abgeworfenen Aluminiumstreifen auslösten. Die Nachtjäger flogen dann in diese Richtung und stürzten sich auf die einzelnen Bomber, nachdem sie in die Bomberformation eingedrungen waren. Sie scheuten nicht einmal davor zurück, die RAF-Bomber bis nach England zu verfolgen.

Dabei spielte auch die Technik eine wichtige Rolle. Die Nachtjäger, wie die Ju 88 und Bf 110, waren mit Bordradar ausgestattet und konnten sich, wenn sie sich einmal im Bomberstrom befanden, ihre Ziele ungestört heraussuchen.

Das effektivste Bordradar war das »Lichtenstein SN-2«, das auf einer wesentlich niedrigeren Frequenz als das »Würzburg«-Bodenradar arbeitete und deshalb von den Aluminiumstreifen nicht so sehr beeinträchtigt wurde. Die am Bug montierten Antennen wurden bald zu einem charakteristischen Merkmal der Nachtjäger. Einige dieser Flugzeuge erhielten auch eine spezielle nach oben schießende Kanone, »Schräge Musik« genannt. Damit war es möglich, sich außerhalb der Sichtweite der Besatzung direkt unter die britischen Bomber zu manövrieren und dann den gesamten Rumpf des Flugzeugs zu durchlöchern. Diese Methode erwies sich als derart effizient, dass den RAF-Fliegern bisweilen gesagt wurde, dass die Deutschen Fliegerabwehrgeschosse verwenden, die wie explodierende Bomber aussehen, um sie zu demoralisieren. Nur wenige Fliegerbesatzungen glaubten dies, obwohl ihnen klar war, dass die Flakverteidigung immer wirksamer wurde.

Verteidigung des Luftraums

Im Laufe des Jahres 1943 holte Hitler gesamte Flakabteilungen zur Abwehr der Bomber von anderen Kriegsschauplätzen zurück ins Reich. Dort konzentrierte er sie rund um Schlüsselstellungen, wie etwa dem Ruhrgebiet oder Berlin. Dies erhöhte natürlich die Abwehrkraft in Deutschland, nahm aber gleichzeitig den Fronttruppen in der Sowjetunion und Italien ihren Schutz. Als Teile der abgezogenen Flakeinheiten auch noch mit 8,8-cm-Kanonen ausgestattet wurden, die bei der Panzerabwehr eine wesentliche Rolle spielten, verschlimmerte sich die Lage an den betroffenen Frontabschnitten zusätzlich.

Die Kombination aus Fliegerabwehrfeuer, Suchscheinwerfern und verbesserter Nachtjägertaktik fügte den angreifenden Nachtbombern gewaltige Verluste zu. Während der sogenannten »Schlacht um Berlin« am 18./19. November 1943 und Ende Januar 1944 verlor die RAF beispielsweise bei nur 14 Angriffen gegen die deutsche Hauptstadt 384 Maschinen. Von den 795 Flugzeugen des Bomber Command, die in der Nacht vom 30. auf den 31. März 1944 Nürnberg angriffen, kehrten 95 nicht mehr zurück. Es sah so aus, als ob die Luftverteidigung die Oberhand behalten sollte.

Hoher Verschleiß

Es war dies aber eine falsche Annahme. Denn hinter der Fassade des Erfolgs zeigten sich rasch die ersten Risse. Bis zum Juli 1943 stieg die Anzahl der für die Luftverteidigung eingesetzten Flugzeuge auf 800 Tag- und 600 Nachtbomber. Dies ging jedoch auf Kosten der übrigen Luftwaffe. Eine noch größere Rolle spielte die Tatsache, dass die besten Piloten der Luftwaffe zur Verteidigung der deutschen Städte eingesetzt wurden. Mit steigenden Verlusten verlor so diese ihre besten Männer, von denen ein Teil durch die Maschinengewehre der Nachtbomber oder bisweilen sogar die eigene Flak ums Leben kam. Der Großteil der Verluste ging jedoch auf das Konto der amerikanischen Tagangriffe. Der Grund war einfach: Nach den schweren Verlusten der B 17 bei Regensburg und Schweinfurt - die natürlich wesentlich schneller

Unten: Messerschmitt Bf 110G-4 des Nachtgeschwaders 4 auf einer Nachkriegsaufnahme in Farnborough. Sie ist mit dem FuG 218 Neptun-Radar ausgerüstet, dessen Antennen am Bug zu erkennen sind.

Links: Ein Unteroffizier der Luftwaffe zeigt seine Entschärfungskünste in Berlin 1943. Bei den Bombenangriffen der RAF auf die deutsche Hauptstadt gab es häufig Blindgänger, die entschärft werden mussten - eine gefährliche und mühsame Arbeit. Hier scheint es der UO mit einem kleinen Brandsatz zu tun zu haben.

Rechts: Mitglieder des Luftschutzes verteilen Gasmasken und zeigen kleinen Kindern, wie sie aufzusetzen sind. Die Aufnahme stammt wahrscheinlich aus dem Jahr 1939 oder 1940, als die Bedrohung von Gasangriffen noch real zu sein schien. Ähnliche Szenen spielten sich auch in Großbritannien ab, obwohl keine der beiden Seiten chemische Waffen einsetzte. Bomben und Brandsätze stellten für die deutschen Städte eine wesentlich größere Gefahr dar.

Unten: Mechaniker der Luftwaffe reparieren einen Daimler Benz DB 601E-1 hängenden 12-Zylinder flüssigkeitsgekühlten Reihenmotor eines Messerschmitt Bf 109F-Jägers. Regelmäßiges Service war lebensnotwendig, falls die Luftwaffe ihre Wirksamkeit über Deutschland aufrechterhalten wollte.

als die der Deutschen ersetzt werden konnten - hatten die amerikanischen Kommandanten reagiert. Sie forcierten die Entwicklung von Geleitjägern, die den Bombern bis tief nach Deutschland hinein folgen und sich dort der Luftwaffe im Luftkampf stellen konnten.

Anfänglich hatte man die Reichweite der bestehenden Jäger, wie dem Republic P-47 Thunderbolt, dadurch erhöht, dass einfach Extratanks hinzugefügt wurden. Im Herbst 1943 kam jedoch der North American P-51D Mustang zum Einsatz.

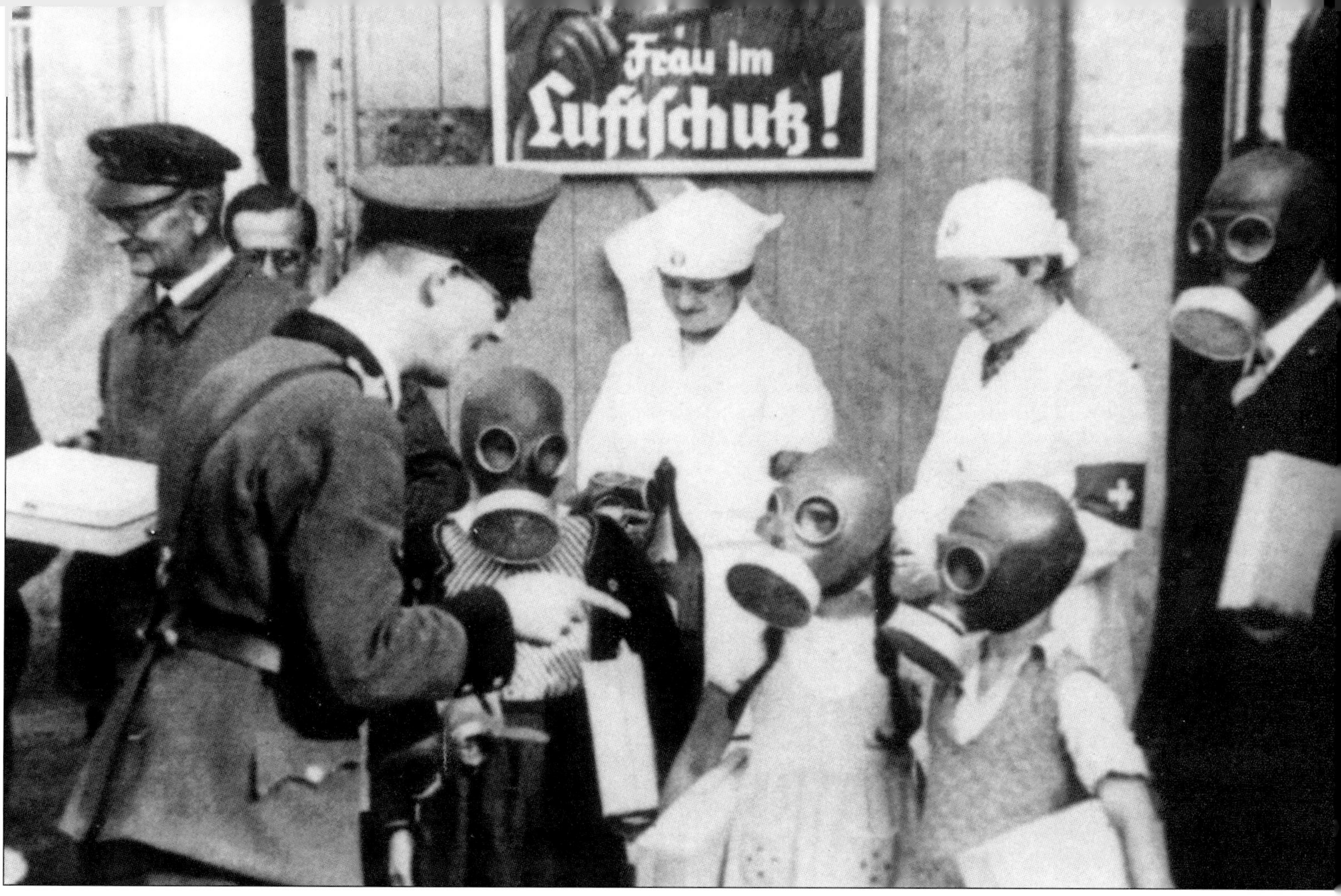

Die mächtige Mustang

Dieses bemerkenswerte Flugzeug bestand aus einem Mustang-Flugwerk und einem Rolls-Royce-Motor. Es verfügte nicht nur über die notwendige Reichweite, um die Bomber nach Berlin und weiter zu begleiten, sondern war den Bf 109 und Fw 190 sogar überlegen. Bis zum Auftreten der amerikanischen Geleitjäger hatte die Luftwaffe große Anstrengungen unternommen, um die Schlagkraft der einmotorigen Jäger gegen die US-Bomber zu erhöhen. Dies bedeutete jedoch zusätzliches Gewicht, welches sich im Luftkampf mit den amerikanischen Jägern als nachteilig erwies. Deshalb ging man daran, zwischen »schweren« und »leichten« Jägergruppen zu unterscheiden. Die schweren Gruppen bestanden aus Bf 109 und Fw 190, die über schwere Kanonen zum Angriff gegen die Bomber verfügten. Die leichter bewaffneten Bf 109 der leichten Gruppen konzentrierten sich hingegen auf die Geleitjäger. Als jedoch die Amerikaner immer mehr Jäger einsetzten, kam es zu erheblichen Schwierigkeiten; sie durchbrachen nämlich die leichten Gruppen und stürzten sich mit verheerenden Folgen auf die schweren Gruppen.

Im April 1944 ergab sich für die Luftwaffe eine kurze Verschnaufpause. Die Alliierten schränkten nämlich ihre Bombenangriffe auf Deutschland ein, um sich angesichts der bevorstehenden Landung in der Normandie auf eher taktische Ziele zu konzentrieren. Es gab aber keine Zweifel, dass sich das Blatt gewendet hatte.

Die Folgen für die Luftwaffe waren vernichtend. General Adolf Galland, ein bekanntes Fliegerass und nun Inspekteur der Jagdflieger, berichtete, dass zwischen Januar und April 1944 die Tagesjäger mehr als 1000 Piloten verloren hatten. Dazu zählten die besten Staffel-, Gruppen- und Geschwaderkommandanten. Aufgrund der Luftüberlegenheit der Alliierten - zumindest am Tag - und der weit verstreuten Luftwaffe konnte Galland mit Recht behaupten, dass »die Zeit gekommen sei, dass unsere Luftwaffe vor dem Zusammenbruch steht«. Dieser kam, als die Sowjets weiter nach Westen vorstießen und die Angloamerikaner sich für die lang erwartete Invasion in Westeuropa vorbereiteten.

Eine Streitkraft verblutet

Trotz der unbeschreiblichen Tapferkeit und Improvisation, die zu einer der effektivsten (wenn auch kurzen) Luftverteidigungskampagnen geführt hatten, stand die Luftwaffe am Ende ihrer Kräfte. Als sie dann nicht mehr länger den Himmel über Deutschland zu kontrollieren vermochte, konnten ihre Feinde ihre gewaltigen Flotten auf die Zerstörung der Schlüsselindustrien und Nachschublinien konzentrieren. Zu diesen Industrien gehörten auch jene Werke, in denen die Jäger hergestellt wurden. Außerdem musste die Messerschmitt Me 262, das einzige Flugzeug, das den amerikanischen Geleitjägern gewachsen war, auf Hitlers ausdrücklichen Befehl als Jagdbomber gebaut werden. Dies verzögerte die Produktion dieses hervorragenden Düsenflugzeugs um mehrere wichtige Monate. Von nun an kämpften Görings Männer um ihr Überleben und nicht um den Sieg, wobei ihre Gegner über unbegrenzten Nachschub verfügten. Nichts erinnerte mehr an die glorreichen Tage des Blitzkrieges.

KAPITEL 9

DER ROTE STURM

1944/45 standen zwar beträchtliche Teile der Luftwaffe an der Ostfront im Einsatz, doch in mehreren wuchtigen Offensiven zerschlugen die Russen die deutschen Streitkräfte am Boden und in der Luft.

Links: Ein Fliegerverbindungsoffizier (Flivo) beobachtet Junkers Ju 87-Stukas, die 1944 in Richtung sowjetischer Linien fliegen. Er steht wahrscheinlich mit den Piloten in Funkkontakt.

Oben: Sowjetische Iljuschin Il-2 3M-Erdkampfflugzeuge über der Ostfront 1944. Dieses eigens für die Nahkampfunterstützung gebaute Flugzeug verfügte über einen speziell gepanzerten Motor und ein verstärktes Cockpit.

Am 1. Januar 1944 verfügte die Luftwaffe über insgesamt etwas mehr als 5500 Kampfflugzeuge, von denen 1700 an der Ostfront standen. Auf dem Papier lasen sich diese Zahlen gar nicht schlecht - statistisch gesehen hatte man sich gegenüber dem Vorjahr verbessert -, aber sie verbargen eine Reihe von ernsten Schwächen. Aufgrund von Entscheidungen, die bereits 1941 getroffen worden waren, konzentrierte man sich bei der Produktion auf bereits bewährte Modelle, die im Laufe der Zeit bloß verbessert und aufgerüstet wurden. Die Entwicklung frischer Ideen musste jedoch meist zurückgesteckt werden. Die wenigen neuen Maschinen, wie etwa die heiß ersehnten He 177 und Junkers Ju 188-Bomber erreichten jedoch nie jene

Oben: Ein Gotha Go 242A-Angriffs- und Transport-Lastensegler wird im Winter 1943/44 in die Lüfte gezogen. Die Räder werden dabei abgeworfen, um Gewicht zu sparen und die Aerodynamik zu verbessern.

Unten: Ein Junkers Ju 52-Transporter wird für den Start auf einem Flugfeld an der Ostfront im Winter 1944/45 vorbereitet. Mit den Schläuchen wird heiße Luft in den Backbordmotor geblasen, um diesen vorzuwärmen.

Oben: Ein Messerschmitt Me 231A-1 schwerer Lastensegler wird von zwei Heinkel He 111H-6-Bombern, die miteinander verbunden sind und über einen fünften Motor verfügen, in die Luft gezogen. Diese außergewöhnliche Konstruktion, die als Heinkel-Zwillinge bekannt war, kam erstmals Anfang 1943 zum Einsatz, um die Soldaten der 6. Armee in Stalingrad zu versorgen.

Unten: Eine bessere Ansicht der ungewöhnlichen Heinkel-Zwillinge mit ihren fünf Motoren und der gewaltigen Spannweite von 35 m. Die beiden He 111H-6-Rümpfe erhielten einen verstärkten Mittelflügel mit drei Motoren. Das Flugzeug - offiziell als He 111Z bezeichnet - wurde vom Backbordcockpit aus geflogen.

Stückzahlen, dass sie die Kampfkraft der Luftwaffe wesentlich erhöht hätten. Die Staffeln an der Front mussten sich mit »alten Eisen«, wie der Bf 109 oder Ju 88, begnügen. Nur die Fw 190 konnte sich als ein anpassungsfähiger und bisweilen recht guter Jäger erweisen. Da aber die Bf 110 und sogar die Ju 87 trotz ihrer offensichtlich veralteten Konstruktion noch immer in modifizierter Form gebaut und ausgeliefert wurden, konnte man sich leicht vorstellen, mit welcher Art Schwierigkeiten die Luftwaffe konfrontiert war.

Schreckliche Fehler in der Flugzeugindustrie

Aber die Probleme gingen wesentlich tiefer. Anfang 1944 wirkten sich die alliierten Bombardements auf die Schlüsselbereiche der Flugzeugindustrie - wie Motorenwerke und auch Treibstofflager - immer mehr aus. Daneben verfügten sämtliche alliierten Mächte über wesentlich bessere Flugzeuge als die Luftwaffe, die immer mehr ins Hintertreffen geriet. Im Osten hatten die Sowjets nicht nur spezielle Erdkampfflugzeuge stationiert, wie die Iljuschin Il-2 und die Petljakow Pe-2, sondern entwickelten bereits die nächste Generation schneller Abfangjäger. Dazu zählten etwa die Lavotschkin La-7 oder die Jakowlew Jak-3, die beide der letzten Version der Bf 109 und Fw 190 überlegen waren. Dazu kam noch, dass die Sowjets Anfang 1944 über rund sechsmal so viele Flugzeuge wie die Deutschen verfügten. Damit besaßen sie die Lufthoheit, wann und wo immer sie wollten. Zwar verfügte die Luftwaffe noch immer über 1700 Kampfflugzeuge, musste aber mit diesen eine nahezu 3200 km lange Front sichern. Eine Aufgabe, die auf die Dauer einfach nicht zu bewältigen war.

Dies hatte sich bereits bei den Kämpfen Ende 1943 gezeigt, als die Sowjets vor allem im Süden angriffen und dabei stets bemüht gewesen waren, zuvor die Luftüberlegenheit - zumindest

Links oben: Angehörige der Luftwaffe vergleichen ihre Uhren, ehe sie an Bord ihres Bombers gehen. Die drei Männer rechts tragen die Standardschwimmweste der Bomber-, Transporter- oder Flugbootbesatzungen. Der Mann links hat hingegen ein Modell, das für Jägerpiloten konzipiert wurde, umgehängt.

Links unten: Eine Junkers Ju 52 wird für ihren täglichen Einsatz vorbereitet. Das Bodenpersonal entfernt die Zeltplanen von den Motoren und dem Cockpit. Die Radverkleidung mit den Streifen weist darauf hin, dass es sich um ein Zivilflugzeug, möglicherweise der Lufthansa, handelt.

Rechts: Mit weit offenem Bugtor wartet ein sechsmotoriger Messerschmitt Me 232D-1 Gigant-Transporter 1944 darauf, entladen zu werden. Er konnte bis zu 18.180 kg Last tragen, war jedoch in der Luft extrem verwundbar.

Unten: Ein riesiger Messerschmitt Me 231A-1-Lastensegler wird von drei Bf 110-Jägern in die Luft gezogen. Diese Kombination, als Troika-Schlepp bekannt, war kein großer Erfolg, da es vor allem Probleme mit der Koordination der Schleppflugzeuge gab. 1943 wurden die Bf 110 durch die fünfmotorige Heinkel He 111Z ersetzt (siehe Seite 131).

Unten: Ein ungewöhnlicher Anblick 1944/45: ein Geschwader von Junkers Ju 88 fliegt zum Angriff. Solch eine Gruppe von Flugzeugen wäre für sowjetische Abfangjäger eine leichte Beute gewesen.

Oben: Ein Junkers Ju 88C schwerer Jäger/Zerstörer, 1944 an der Ostfront eingesetzt. Die Bombe scheint ein 500-kg-Exemplar zu sein, transportiert von einem UE-Schlepper (franz. Beutefahrzeug).

im Kampfgebiet - zu erringen. Dies führte in der Folge zu einer speziellen sowjetischen Kriegsphilosophie, die teilweise auf den Erfahrungen der Jahre 1941 bis 1943 und zum Teil auf den Theorien des »Kampfes in der Tiefe« aus der Zwischenkriegszeit aufbaute. Das Kernstück dieser Kriegstechnik bildete »Maskirovka«, ein Begriff, der am besten mit »Täuschung« zu übersetzen ist. Man versuchte den Feind über den Ort des Angriffs zu täuschen, um so das Überraschungsmoment zu erhöhen. Die Luftstreitkräfte spielten dabei eine wesentliche Rolle. Während sich bestimmte Teile an einer Stelle konzentrierten, griff der Rest woanders an. Die Voraussetzung dafür war jedoch eine dementsprechend große Anzahl an Flugzeugen.

Nach diesem Überraschungscoup versuchten dann massierte mechanisierte Einheiten mit Luftunterstützung breite Breschen in die feindliche Verteidigung zu schlagen. Neben der Beobachtung feindlicher Truppenbewegungen, dem Einsatz als »fliegende Artillerie« und auch der Zerstörung der Nachschub- und Kommunikationslinien des Gegners hatte die sowjetische Luftwaffe auch den Auftrag, Bodentruppen aus der Luft zu versorgen. Auf diese Weise versuchte man, möglichst tief in die feindlichen Linien einzudringen, den Feind zu schwächen und seinen Kampfgeist zu brechen. Ein derartiges gleichzeitiges Vorgehen an mehreren Frontabschnitten würde die Wirkung nur noch verstärken, da es die Deutschen zu einer Aufsplitterung ihrer Kräfte zwingen würde.

Anfang 1944 gingen die sowjetischen Streitkräfte dann daran, die Theorie in die Tat umzusetzen. Sie griffen auf einer Linie von Leningrad im Norden bis zur Krim im Süden an. Mit ihren rund 350 Jägern für die gesamte Ostfront konnte die Luftwaffe nur wenig tun, um dem Druck zu widerstehen. Jeder Versuch einer

Oben: 1944 experimentieren deutsche Techniker mit Höhenbombern, um so die alliierte Luftverteidigung zu umgehen. Hier ist eine Junkers Ju 88S zu sehen, die über einen BMW 801G-2-Einspritzmotor verfügte. Das Experiment war ein Erfolg.

Unten: Eine der eher ungewöhnlichen Konstruktionen der Luftwaffe im Krieg war das Blohm und Voss Bv 141 taktische Aufklärungs- und Verbindungsflugzeug. Dieses einmotorige Modell kam jedoch nie zum Einsatz.

Oben: Eine Junkers Ju 87 dreht über dem Dnjepr nach Steuerbord ab. Ihre Bomben sind bereits abgeworfen, was auf eine erfolgreiche Mission schließen lässt. Ihre Tage waren aber bereits gezählt. Nachdem die Sowjets die Luftüberlegenheit erlangt hatten, stellten die Stukas keine effektive Waffe mehr dar.

Rechts unten: Deutsche Infanteristen beobachten mehrere Junkers Ju 87-Stukas, die nach einem Sturzflugangriff auf sowjetische Stellungen abdrehen. Die Truppen haben sich tief eingegraben und warten offensichtlich auf einen Bodenangriff - die Stukas haben ihnen eine Ruhepause verschafft.

Konzentration der Kräfte in einem Sektor scheiterte, da sofort an einer anderen Stelle ein Angriff erfolgte. Trotzdem gelangen einige lokale Erfolge - Mitte Januar beispielsweise flog die Luftwaffe über 2032 Tonnen an Nachschubgütern zu den im Kessel von Tscherkassy eingeschlossenen Truppen.
Zwei Monate später ermöglichte eine ähnliche Operation der eingeschlossenen 1. Panzerarmee das Überleben, aber unter hohen Verlusten. Über 650 Transportmaschinen gingen während der ersten fünf Monate von 1944 verloren. Dies schmerzte umso mehr, als zu diesem Zeitpunkt der Produktion von Jägern und Bombern absolute Priorität eingeräumt wurde. Daneben musste die Luftwaffe immer größere Verluste an ausgebildeten Piloten und Besatzungen verkraften.

Ein verrückter Plan

Da half es auch nicht, dass Hitler und Göring plötzlich im November 1943 beschlossen, eine strategische Bombenkampagne gegen die sowjetische Industrie zu starten. Görings Weisung diesbezüglich war glasklar. »Ich möchte den Großteil der schweren Bombereinheiten im Osten zusammenfassen ... [um sie] mit der Mission zu beauftragen, Luftangriffe gegen die russische Waffenindustrie zu fliegen und so den sowjetischen Nachschub zu zerstören ... noch ehe dieser an die Front gelangt.« Dies war jedoch eine Aufgabe, für die die Luftwaffe weder ausgebildet noch ausgerüstet war. Schon bald bekam man dies schmerzlich zu spüren.
Acht Bombergruppen (rund 250 Flugzeuge, meist He 111) wurden von der Front abgezogen und Vorbereitungen getroffen, um die Industrieanlagen vor allem rund um Gorki anzugreifen. Als jedoch die Streitmacht Ende März 1944 bereit war, hatte der sowjetische Vorstoß die Bomber so weit nach Westen zurückgedrängt, dass die He 111 ihre Ziele nicht mehr erreichen konnten. Die He 177 und Ju 188, die über eine größere Reichweite verfügten, standen nur in geringen Stückzahlen zur Verfügung. Damit wurde deutlich, dass Görings Plan gescheitert war. Die hart bedrängten Bodentruppen warteten in der Zwischenzeit sehnlichst auf die Bomber, da zur gleichen Zeit mehrere Geschwader von Jägern (und Jagdbombern) von der Front zur Verteidigung Deutschlands abgezogen wurden. Diesem »genialen« Plan verdankten die deutschen Soldaten an der Ostfront, dass sie ungefähr vier Monate lang ohne Bomber gegen die Sowjets bestehen mussten.

Göring baut die zerschlagenen Staffeln wieder auf

Zum Glück für die Deutschen konnte die Ostfront im April 1944 einigermaßen stabilisiert werden, als sich die Sowjets auf ihre nächsten Offensiven vorbereiteten. Göring nützte die Gelegenheit, um seine Staffeln wieder aufzubauen. Dabei kam ihm zugute, dass die Engländer und Amerikaner ihre Bombenangriffe ebenfalls eingestellt hatten, um ihre Luftflotte ganz auf die amphibische Operation gegen die »Festung Europa« zu konzentrieren. Die Ergebnisse waren beeindruckend: Am 1. Juni verfügten die drei Luftflotten im Osten wieder über annähernd 2000 Kampfflugzeuge, von denen der Großteil Bomber und Erdkampfflugzeuge waren. Das Hauptaugenmerk lag jedoch bei der Luftflotte 4 im Süden. Hier sicherten 850 Flugzeuge die Zufahrten zu den lebenswichtigen rumänischen Ölfeldern, wo man den Hauptstoß des nächsten russischen Angriffs erwartete.
Aber auch die Luftflotte 6, die den Mittelabschnitt der Front verteidigte, wurde auf 770 Maschinen verstärkt. Die Achillessehne der Luftwaffe lag jedoch im Norden, wo die Luftflotte 1 kaum 400 Flugzeuge aufbieten konnte - davon bloß 70 Erdkampfflug-

zeuge. Dazu kam noch, dass sie über keine Bomber verfügte. Angesichts der sowjetischen Übermacht war dies viel zu wenig. Wenn man allerdings die jüngsten Verluste auf allen Kriegsschauplätzen berücksichtigte, stellte dies eine gewaltige Leistung dar.
Dennoch reichte es nicht aus. Die Sowjets nannten das Kriegsjahr 1944 nicht ohne Grund »Jahr der zehn Siege«. Als jedoch die erwartete Offensive Anfang Juli 1944 losbrach, geschah dies nicht im Süden. Zuvor griffen sie Finnland im Norden an, wo die Luftwaffe am schwächsten war. Allein die zahlenmäßige Unterlegenheit der Deutschen und Finnen genügte, um jegliche Hoffnung auf Erfolg aufzugeben. Die deutsche Luftwaffe musste folglich reagieren und Verstärkung von der Luftflotte 6 anfordern. Dies wiederum war genau das, was die Sowjets erwartet hatten. Sie starteten mit über 6000 Kampfflugzeugen am 23. Juli ihren Hauptangriff - die Operation »Bagration« - an der Zentralfront. Die Heeresgruppe Mitte kämpfte bald nur mehr um ihr nacktes Überleben, und Hitler zog weitere Flugzeuge von anderen Kriegsschauplätzen ab - 40 Jäger aus Deutschland, 85 aus Italien und 40 von der Luftflotte 3 aus Westeuropa.
Es half aber nicht viel. Nach knapp drei Wochen klaffte bereits eine riesige Lücke in der deutschen Verteidigung, durch welche die Sowjets hindurchstießen. Bis Ende Juli hatten sie bereits 800 km zurückgelegt und standen an den Grenzen Ostpreußens. Die Heeresgruppe Mitte existierte nicht mehr, genauso wenig wie rund 400 Flugzeuge der Luftwaffe.
Dies war aber noch nicht das Ende des Albtraums. Am 20. August begann der lang erwartete Angriff im Süden. Die Deutschen wurden davon völlig überrascht. Sie hatten sogar die Luftflotte 4 auf knapp 200 Kampfflugzeuge verringert, da der Rest als Verstärkung in den Norden verlegt worden war. Als dann auch noch Rumänien zusammenbrach, konnten die Sowjets relativ einfach vorstoßen. Am 31. August war der Großteil Rumäniens besetzt. Mitte September wechselte Bulgarien die Seiten und erklärte Deutschland den Krieg, und sowjetische Truppen marschierten in Nordjugoslawien und Ostungarn ein. Die Staffeln der Luftwaffe flogen zwar weiterhin Einsätze, fanden es aber zunehmend schwieriger, sichere Stützpunkte zu finden. Die Überlegenheit der Sowjets nahm täglich zu. Gegen Jahresende mussten sich die Reste der Luftwaffe im Osten nach Deutschland zurückziehen und den Kampf an der Westfront aufnehmen. Dies war jedoch ein hoffnungsloses Unterfangen.

Niederlage, Rückzug und Vernichtung

Die Verschnaufpause an der Ostfront, die durch die Vorbereitungen der Sowjets für ihre nächste Offensive eingetreten war, dauerte aber nicht lange. Die Luftwaffe stand jedoch so oder so knapp vor dem Kollaps. Im Laufe des Jahres waren an den verschiedensten Kriegsschauplätzen über 13.000 Maschinen verloren gegangen und auch die Produktion hatte stark unter den erbarmungslosen Luftangriffen der Alliierten gelitten. Im Dezember betrug der Ausstoß nur mehr knapp unter 3000 Stück. Auf ihrem Vormarsch überrannten die Sowjets außerdem die Ausbildungsstützpunkte der Luftwaffe, die zum Schutz vor den Angriffen der westlichen Alliierten im Osten errichtet worden waren. Sie mussten daraufhin nach Deutschland verlegt werden. Dies führte nicht nur zu einer hoffnungslosen Überfüllung im Reich, sondern verringerte auch die Zahl der Besatzungen im Osten. Als dann die amerikanischen Bomber vermehrt Raffinerien und Tanklager angriffen, kam es zu ernsten Engpässen bei der Treibstoffversorgung. So kam es immer öfter vor, dass die Luftunterstützung für die Bodentruppen an der Front ausfallen musste.
Der nächste sowjetische Angriff startete am 12. Januar 1945 und stellte sowohl aufgrund seiner Zielsetzung als auch seiner Wucht ein gewaltiges Unterfangen dar. Die deutschen Feldkommandanten nahmen irrtümlich an, dass der Hauptstoß des Angriffs auf Warschau gerichtet war. In Wirklichkeit fand dieser jedoch weiter südlich statt, ausgehend von den Brückenköpfen

Links oben: Die Besatzung einer sowjetischen Iljuschin Il-2 trotzt der Kälte auf einem Flugfeld. Dabei besprechen sie die Taktik und jüngsten Kampferfahrungen im Februar 1945.

Links unten: Sowjetische Iljuschin Il-4-Bomber, ausgestattet mit 45-36-N-Torpedos, fliegen 1944 in Richtung Ziel. Mit einer Höchstgeschwindigkeit von 416 km/h und einer Reichweite von 3776 km waren sie hervorragende Flugzeuge.

Rechts: Sowjetische Iljuschin Il-2 3M-Flugzeuge 1944 auf der Suche nach deutschen Panzerformationen. Durch ihre »Teufelskreis« genannte Taktik - jedes Flugzeug griff abwechselnd solange an, bis die Munition verschossen war - war die Il-2 bei den feindlichen Truppen äußerst gefürchtet.

Unten: Der Preis für das deutsche Scheitern im Osten. Die Gräber gefallener Soldaten vor den Resten eines sowjetischen Dorfes (1944).

am Westufer der Weichsel bei Sandomierz und Magneszew. Der Luftflotte 6, die für den mittleren Frontabschnitt zuständig war, standen mehr als 1000 Flugzeuge zur Verfügung. Außerdem konnte sie von betonierten Landebahnen in Deutschland aus operieren. Die Sowjets hatten jedoch eine gewaltige Armada an Flugzeugen aufgeboten, um den Durchbruch zu erzwingen. Am 19. Januar klaffte bereits eine gewaltige Bresche in der deutschen Ostgrenze, und Ende des Monats standen die Sowjets an der Oder, nur mehr 80 km von Berlin entfernt. Sie errichteten dort Brückenköpfe am Westufer, um dann den Angriff auf die Reichshauptstadt zu starten.

Die Deutschen zogen eiligst alle verfügbaren Maschinen von den übrigen Kriegsschauplätzen ab, um die Flut aufzuhalten. Insgesamt 800 Maschinen kamen so zusammen. Die Besatzungen waren jedoch relativ unerfahren und stellten für die Sowjets eine leichte Beute dar. Obwohl die Sowjets ihren Angriff im Februar stoppten, nachdem sie 800 km zurückgelegt und ihre Logistikkette bis an die Grenzen ausgedehnt hatten, stand das Kriegsende unmittelbar bevor.

Als dann die Sowjets an der gesamten Ostfront ihren Vormarsch wieder fortsetzten, stießen sie nur mehr auf geringen Widerstand der geschlagenen und zerschmetterten Luftwaffe. Im Sü-

Oben: Eine Junkers Ju 87G-1 mit zwei Flak 18 unter den Flügeln steht allein auf einem deutschen Flugfeld 1944. Die Kanonen waren zur Panzerabwehr vorgesehen, machten jedoch ein bereits langsames Flugzeug noch unbeweglicher.

Unten: Männer einer deutschen Panzerformation bewegen sich über offenes Gelände an der Ostfront. Sie winken einem Junkers Ju 87-Stuka zu. Trotz ihrer veralteten Bauweise kamen die Stukas bis zum Kriegsende zum Einsatz.

den versuchte die Luftflotte 4 beispielsweise ein Gebiet von der Adria bis zu den Karpaten mit nur etwas mehr als 500 Flugzeugen zu verteidigen. Die meisten Maschinen gingen dann auch noch verloren, als Hitler befahl, den Belagerungsring um Budapest zu durchbrechen. Die Sowjets wiederum reagierten sofort und trieben die Deutschen Ende März aus Ungarn hinaus und eroberten Wien am 13. April. Trotz heftiger Bodenkämpfe - bis zum Fall Berlins Anfang Mai verloren die Sowjets 100.000 Mann - spielte die Luftwaffe praktisch keine Rolle mehr. Sie konnte nicht mehr viel tun.

Die Ostfront im Rückblick

Rückblickend betrachtet, ist das Scheitern der Luftwaffe im Osten nicht schwer zu erklären. Bereits zu Beginn der Operation »Barbarossa« im Juni 1941 hatte Hitler von seiner Luftwaffe zu viel verlangt. Ein gewaltiges Gebiet musste mit unzureichenden Mitteln gesichert werden. Die Luftwaffe war nämlich für kurze, wuchtige Feldzüge konzipiert und ausgebildet worden. Trotz der gewaltigen Erfolge 1941 wäre ein radikales Umdenken nötig gewesen, nachdem der Krieg im Osten ins zweite Jahr ging. Nur so hätte die Luftwaffe für einen längeren Konflikt vorbereitet werden können. Die sowjetische Luftwaffe hingegen hatte ihre Zeit genutzt, um neue Maschinen zu entwickeln und ihre Stärke auszubauen. Die deutsche Luftwaffe geriet folglich bald ins Hintertreffen.

Der ständig wachsende technologische Vorsprung der Sowjets kam immer stärker zum Tragen. Die Deutschen versuchten nur noch verzweifelt, mehr und mehr der bereits bestehenden Modelle zu produzieren, um wenigstens halbwegs Paroli bieten zu können. Unter solchen Umständen war es aber unmöglich, die Lufthoheit zu halten, und die deutschen Bodentruppen gerieten

Oben: Die Folgen eines erfolgreichen Stuka-Angriffs auf einen sowjetischen T-34/76-Panzer. Solche Verluste konnten von den Sowjets, deren Panzerfabriken 1944 auf vollen Touren liefen, leicht ersetzt werden.

Unten: Hans-Ulrich Rudel (Mitte), der höchstdekorierte Stuka-Pilot im 2. Weltkrieg. Er trägt hier das Ritterkreuz mit Goldenem Eichenlaub und Brillanten, das er als Einziger erhielt. Er überlebte den Krieg, nachdem er über 2000 Einsätze geflogen war.

S

Oben: Feldmarschall Maximilian Baron von Weichs (Mitte) kehrt von einer persönlichen Aufklärungsmission in einem Fieseler Fi 156 Storch-Leichtflugzeug zurück - wahrscheinlich während seiner Zeit als Kommandant der Heeresgruppe B an der Ostfront 1943. Die Fi 156 gehörte zu diesem Zeitpunkt bereits zu den eher unsicheren Maschinen.

Links: Eine Focke-Wulf Fw 190A-4/U3 der Schlachtgruppe 1 Anfang 1945 an der Ostfront. Die Bestückung mit Bomben machte aus der Fw 190 einen wirksamen Jagdbomber.

Links oben: Oberst Hermann Graf (Zweiter von links) mit anderen Piloten des Jagdgeschwaders 52 an der Ostfront. Graf war der erste Kampfpilot der Luftwaffe, der 202 Luftsiege erringen konnte, davon 200 gegen die Sowjets.

ohne Luftunterstützung immer stärker unter Druck. Doch die Sowjets stellten nicht die einzige Bedrohung dar. Während die deutschen Streitkräfte im Osten ums Überleben kämpften, setzten die westlichen Alliierten ihre Luftüberlegenheit ein, um sowohl die Luftwaffe in die Knie zu zwingen als auch ihre Infrastruktur zu vernichten. Die gewaltige Bomberflotte der Alliierten nahm nun verstärkt die Erdölindustrie und Flugzeugwerke in Deutschland aufs Korn. Es sollte ein ebenso traumatisches und endgültiges Ende wie im Osten folgen.

K A P I T E L 1 0

DER ANGRIFF IM WESTEN

Die Luftwaffe hatte hart zu kämpfen, um den alliierten Luftstreitkräften in Italien und Nordwesteuropa Widerstand leisten zu können. Diese letzten Kräfte opferte jedoch Hitler in einer verzweifelten Kraftanstrengung im Westen - der Ardennenoffensive.

Links: Zivilisten beobachten einen Flugzeugverband, der während der Operation »Varsity« - der Überquerung des Rheins - Fallschirmjäger befördert.

Oben: Waffenwarte der RAF bereiten Luft-Boden-Raketen für eine Hawker Typhoon 1b des 608. Geschwaders im August 1944 in Frankreich vor.

Die deutschen Ängste vor einem Mehrfrontenkrieg bewahrheiteten sich bereits im September 1943, als die Angloamerikaner in Italien einmarschierten. Von Sizilien aus überquerten sie die Straße von Messina und starteten einen amphibischen Angriff auf Salerno, südlich von Neapel. Es war nur mehr eine Frage der Zeit, bis Adolf Hitler den Kampf um Itali-

Oben: Messerschmitt Bf 110 des Zerstörergeschwaders 26 auf einem Flugfeld an vorderster Front im Juli 1943 auf Sizilien. Zu diesem Zeitpunkt des Krieges unternahm die Luftwaffe verstärkte Anstrengungen, um die Lufthoheit zu erhalten.

en aufnahm. Ansonsten stünde nämlich den Alliierten die gesamte südliche Flanke schutzlos offen. Doch schon bald zeigte sich, dass die dafür notwendigen Flugzeuge nicht mehr vorhanden waren. Die Bodentruppen warfen sich jedoch dem Vormarsch der Alliierten entgegen und brachten diesen Ende 1943 und Anfang 1944 in den Hügeln um Monte Cassino und Rom zum Erliegen. Die Luftwaffe spielte dabei aber keine besondere Rolle mehr. Zu Beginn des Jahres 1944 verfügte die Luftflotte 2, die für den italienischen Kriegsschauplatz verantwortlich war, nur mehr über 370 Maschinen, davon etwas weniger als 100 Bomber und Erdkampfflugzeuge.

Armselige Vorstellung in Italien

Am 22. Januar 1944 landeten die Alliierten nördlich von Monte Cassino bei Anzio, um die Pattstellung zu durchbrechen. Jetzt reagierte Hitler und schickte Verstärkungen, wenn auch in zu geringem Ausmaß. Bis Ende Januar gelangten so 140 Bomber aus Griechenland, Frankreich und Deutschland nach Italien. Darunter befanden sich auch Do 217 und He 177, die mit funkgesteuerten Hs 293 und »Fritz-X«-Bomben ausgestattet waren. Dies brachte kurzfristig einige Erfolge - eine Reihe von alliierten Kriegsschiffen und Handelsschiffen wurde versenkt. Die geringe Zahl an Jägern bedeutete aber auch, dass die Luftwaffe nie die Lufthoheit erringen konnte. Dadurch fielen zahlreiche Bomber alliierten Abfangjägern zum Opfer, ehe sie ein geeignetes Ziel ausgemacht hatten. Daran änderte auch die Verlegung von weiteren 50 Jägern aus Westeuropa Anfang März nichts. Aus demselben Grund scheiterte auch ein Gegenangriff der Landstreitkräfte bei Monte Cassino und Anzio-Nettuno. Ende März 1944 zeigte es sich immer deutlicher, dass hier wertvolle Flugzeuge nur vergeudet wurden und mehrere Staffeln kamen wieder zurück an ihren alten Standort. Danach spielte die Luftwaffe in Italien nur mehr eine untergeordnete Rolle. Die Bodentruppen mussten sich auf ihren Einfallsreichtum und die jeweiligen Geländegegebenheiten verlassen, um zu überleben. Dies war aber nicht das, wozu die Wehrmacht ausgebildet worden war.

Zu diesem Zeitpunkt zeichnete sich immer deutlicher ab, daß eine alliierte Landung in Westeuropa knapp bevorstand. Am 1. April erhielten beträchtliche Teile der angloamerikanischen Bomberflotte neue Aufgaben zugewiesen. Anstelle der bisherigen strategischen Angriffe galt es nun, eine amphibische Landung vorzubereiten. Den deutschen Feldkommandanten war aber

Rechts: Die Folgen eines alliierten Luftangriffs am 26. Juli 1943 auf ein deutsches Flugfeld nahe Trapani, Sizilien.

nicht bekannt, wo und wann die Landung stattfinden sollte. Die alliierten Luftstreitkräfte griffen nämlich sämtliche Verteidigungsstellungen in diesem Bereich an, um die Voraussetzung für einen alliierten Erfolg - die Lufthoheit - zu gewährleisten. Nur so konnten nämlich sowohl die Landeflotte selbst als auch die Truppen am Strand gesichert werden. Dies versuchte natürlich die Luftflotte 3, die für Frankreich und die Niederlande zuständig war, zu verhindern. Sie erhielt Verstärkungen aus Italien, aber auch aus Deutschland, da durch die Verlagerung der alliierten Luftangriffe ein Teil der Luftverteidigung im Reich selbst entbehrt werden konnte.
Die Situation ähnelte aber jener auf den Kriegsschauplätzen in Italien und im Osten: nie standen genügend Flugzeuge zur Verfügung. Deshalb wurden auch noch im Februar 1944 die kampferprobten Erdkampfeinheiten des II. Fliegerkorps aus Norditalien zur Luftflotte 3 verlegt. Einen Monat später stießen die im Seekampf erfahrenen Piloten des X. Fliegerkorps dazu. Die angloamerikanische Luftüberlegenheit war aber derart massiv, dass die Luftwaffe nur eine defensive Rolle übernehmen und auf den unausweichlichen Angriff warten konnte.

Erneuter Angriff auf Großbritannien

Doch weder Hitler noch Göring wollten sich damit begnügen. Sie bestanden vielmehr - wie bereits an der Ostfront - auf einer Luftoffensive, um die Vorbereitungen des Feindes zu stören. Am 3. Dezember 1943 erließ Göring eine Weisung, in der die erneute Bombardierung Großbritanniens angeordnet wurde. Insgesamt 525 Bomber konnten die Deutschen für die letzte Bombenoffensive gegen England aufbringen. Dieses von den Briten spöttisch »Baby Blitz« genannte Unternehmen endete jedoch enttäuschend. Die Luftwaffe flog zwischen dem 21. Januar und 29. Mai 1944 insgesamt 29 Angriffe und warf dabei 3048 Tonnen Bomben ab. Dabei gingen aber 329 wertvolle Maschinen verloren.
Einige der Angriffe zielten auf die Hafenstädte im südlichen England, um dadurch die Vorbereitungen für die Invasion zu stören. Sie konnten aber gegen die gut organisierte Verteidigung wenig ausrichten und machten darüber hinaus jeden Versuch einer effektiven Luftaufklärung unmöglich. Anfang Juni verfügte die Luftflotte 3 nur mehr über knapp 800 Flugzeuge und wusste immer noch nicht, wo die Invasion stattfinden sollte. Den Alliierten hingegen standen über 7000 Flugzeuge zur Verfügung. Dies war mehr als genug, um Angriffsziele entlang der gesamten Kanalküste bombardieren zu können und so den Feind über den Ort der tatsächlichen Landung - der Normandie - zu täuschen. Dane-

Oben links: Eine Focke-Wulf Fw 190A, die von den Alliierten im September 1943 intakt auf einem verlassenen Flugfeld bei Neapel vorgefunden wurde. Unter dem Rumpf ist noch die Bombe befestigt, während die Aufhängungen unter den Flügeln leer sind. Wenn sie der feindlichen Luftverteidigung ausweichen konnte, war die Fw 190A ein hervorragender Jagdbomber.

Oben: Eine Heinkel He 177A-5/R2. Dieser sechssitzige schwere Bomber, der auch als Aufklärer und im Seekampf eingesetzt wurde, konnte auch mit Lenkbomben, wie der »Fritz-X« oder Hs 293, bestückt werden. Die He 177 kam auch Anfang 1944 bei der Bombardierung Großbritanniens - dem sogenannten »Baby Blitz« - zum Einsatz.

Rechts: Ein Dornier Do 217K-2-Nachtbomber, aufgenommen im Dezember 1942. Diese Version der Do 217 unterschied sich von früheren Modellen durch ihren neu gestalteten Vorderrumpf. Die verglasten Flächen reichten bis zum Bug, und sie konnte auch mit Lenkbomben bestückt werden. Das Kampfgeschwader 100 wurde mit diesem Modell ausgerüstet.

KM UD

Oben: Die Folgen der alliierten Luftüberlegenheit: trotz seiner Tarnung fiel im April 1945 ein deutscher Zug einem alliierten Angriff auf dem Bahnhof von Münster zum Opfer. Zu diesem Zeitpunkt des Krieges konzentrierten sich die Alliierten erfolgreich auf die deutschen Versorgungslinien und konnten dadurch immer wieder den deutschen Nachschub lahm legen.

Links: Alliierte Luft-Boden-Raketen fliegen in der Normandie im Juli 1944 auf ihr Ziel zu. Beim Ausbruch der Kämpfe im August zeigte sich, dass die Alliierten ungehindert feindliche Straßen- und Eisenbahnverbindungen angreifen konnten.

Rechts unten: Britische Nachrichtenoffiziere untersuchen die Reste einer Messerschmitt Bf 109G, die über Tilly-sur-Seulles in der Normandie im Juli 1944 abgeschossen wurde. Treibstoffmangel und die erdrückende alliierte Luftüberlegenheit brachten die Aktivitäten der Luftwaffe in Nordfrankreich aber rasch zum Erliegen.

ben ermöglichten sie es den Alliierten, die völlige Luftüberlegenheit zu erringen.

Die Folgen waren unabwendbar. Am 6. Juni 1944 nützten die Angloamerikaner ihre Luftüberlegenheit, um Fallschirmspringer im Hinterland abzusetzen. Diese hatten die Aufgabe, die feindlichen Stellungen an der Küste zu beobachten, die Landetruppen am Strand zu unterstützen und vor allem die deutschen Nach-

schub- und Kommunikationslinien zu unterbrechen. Allein an diesem Tag flogen die Alliierten mehr als 14.000 Einsätze. Die Luftflotte 3 hingegen kam bloß auf 319 Kampfeinsätze. So war es weiter nicht verwunderlich, dass die meisten alliierten Flieger am Tag der Invasion und auch in den folgenden Wochen auf kein einziges deutsches Flugzeug stießen.
Dieser gewaltigen Luftstreitmacht konnte Göring einfach nichts mehr entgegensetzen.
Aber es wäre falsch anzunehmen, dass die Luftwaffe untätig blieb. Bald nach Beginn der Invasion trafen bereits die ersten Verstärkungen ein - bis Mitte Juni an die 300 Jäger und 120 Bomber. Diese begannen sofort, die alliierten Kriegs- und Transportschiffe vor der Küste anzugreifen. Trotz des Abwurfs von Seeminen, üblicherweise in der Nacht, und dem Einsatz von Höhenbombern waren die Erfolge minimal. So mussten die Deutschen dann auch im August, als die Alliierten schließlich aus ihren Stellungen bei Caen ausbrachen, dem gewaltigen Druck weichen. Innerhalb kürzester Zeit war Paris befreit und schon bald marschierten die ersten Truppen in Belgien ein und stießen bis an die deutschen Grenzen vor. Dabei erfuhren die Deutschen es nun selbst, was es hieß, ständig aus der Luft angegriffen zu werden.
Ende August, beispielsweise, bekamen dies die im Kessel von Falaise abgeschnittenen deutschen Einheiten zu spüren. Die ständigen Raketenangriffe der Typhoon- und Thunderbolt-Jagdbomber zerstörten nicht nur ihr ganzes Gerät, sondern kosteten auch zahlreichen deutschen Soldaten das Leben. Die Luftwaffe konnte dabei nicht eingreifen.
Ebensowenig war sie in der Lage, die Alliierten an der Wiederaufnahme der strategischen Bombenangriffe zu hindern. Während der Zeit vor der Landung in der Normandie hatten die Bombardements natürlich nicht völlig aufgehört. Als dann aber die alliierten Truppen sicher am Strand gelandet und aus den Brückenköpfen ausgebrochen waren, richtete sich ihre volle Aufmerksamkeit wieder auf das deutsche Kernland. Tag und Nacht wurden nun die deutschen Städte bombardiert. Auf dem Papier stand ihnen dabei eine immer noch beeindruckende deutsche Luftabwehr entgegen - am 1. Oktober 1944 waren es über 830 Nachtjäger, die sich den schweren Bombern der RAF stellten. In der Praxis sah die Sache jedoch wesentlich kritischer aus.
Am Tag sicherte jetzt eine neue Generation von amerikanischen Geleitjägern die B 17- und B 24-Bomber. Diese verfügten nun über ausreichend Treibstoff, um neben dem Geleitschutz auch Luftkämpfe durchführen zu können. In der Nacht hatten die Briten neue Störmethoden entwickelt, um das Bordradar der deutschen Jäger, das Lichtenstein SN-2, wirkungslos zu machen. Den frustrierten Piloten blieb nichts anderes übrig, als die schwer fassbaren Ziele in der Dunkelheit zu suchen. Doch auch Fortschritte auf dem technischen Sektor halfen der Luftwaffe nicht mehr weiter. Die düsen- und raketenbetriebenen Flugzeuge (siehe Kapitel 11) kamen etwa aus Mangel an Treibstoff und erfahrenen Piloten viel zu selten zum Einsatz, um die Alliierten zu gefährden. So war es vor allem die Flak der Luftwaffe, die neben den Jägern den Alliierten die meisten Verluste zufügte.

Bombardierung deutscher Städte und Industrien

Die Alliierten nützten ihre Luftüberlegenheit über Deutschland in zweierlei Hinsicht, die jedoch beide den Untergang des Dritten Reiches beschleunigten. Die Amerikaner befürworteten eher den Angriff auf die deutschen Schlüsselindustrien als auf die Zivil-

Oben: Als sich der Krieg in Westeuropa seinem Ende näherte, waren die Reste der Luftwaffe entweder vernichtet oder in Händen der Alliierten. Dieser zerstörte Hangar befand sich bei Wunstorf nahe Hannover.

Unten: Nachdem die Luftwaffe besiegt war, hatten die alliierten Bomber freie Bahn. Diese Aufnahme von B 17-Bombern der 8. US-Luftflotte zeigt eindrucksvoll die alliierte Luftmacht.

Oben rechts: Ein Aufklärungsfoto der RAF Anfang Oktober 1944, auf dem ein relativ unzerstörter Teil der Krupp-Waffenschmiede in Essen zu sehen ist. In der Nacht vom 23./24. Oktober fand dann ein gewaltiger Luftangriff mit 1055 Bombern statt.

Unten rechts: Eine Luftaufnahme nach dem Angriff zeigt die Schäden an den Kruppwerken nach dem 23./24. Oktober. Die Gebäude sind zwar zerstört, aber das Bomber Command führte noch zwei weitere Angriffe durch, um gänzlich sicher zu gehen.

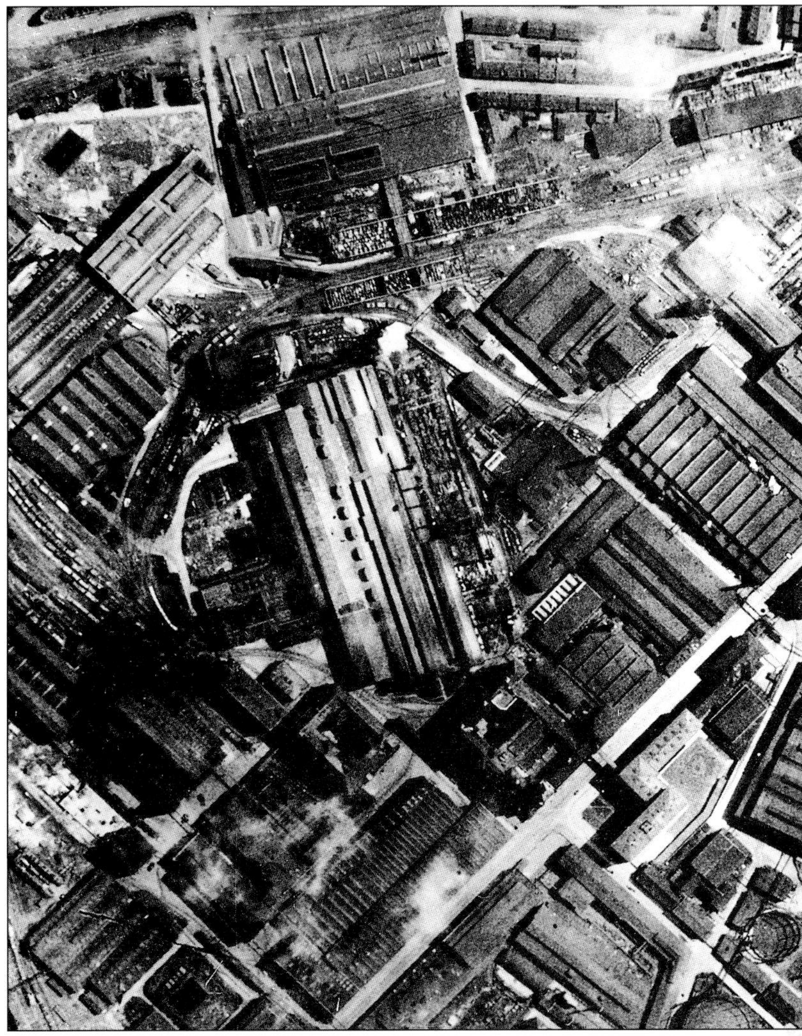

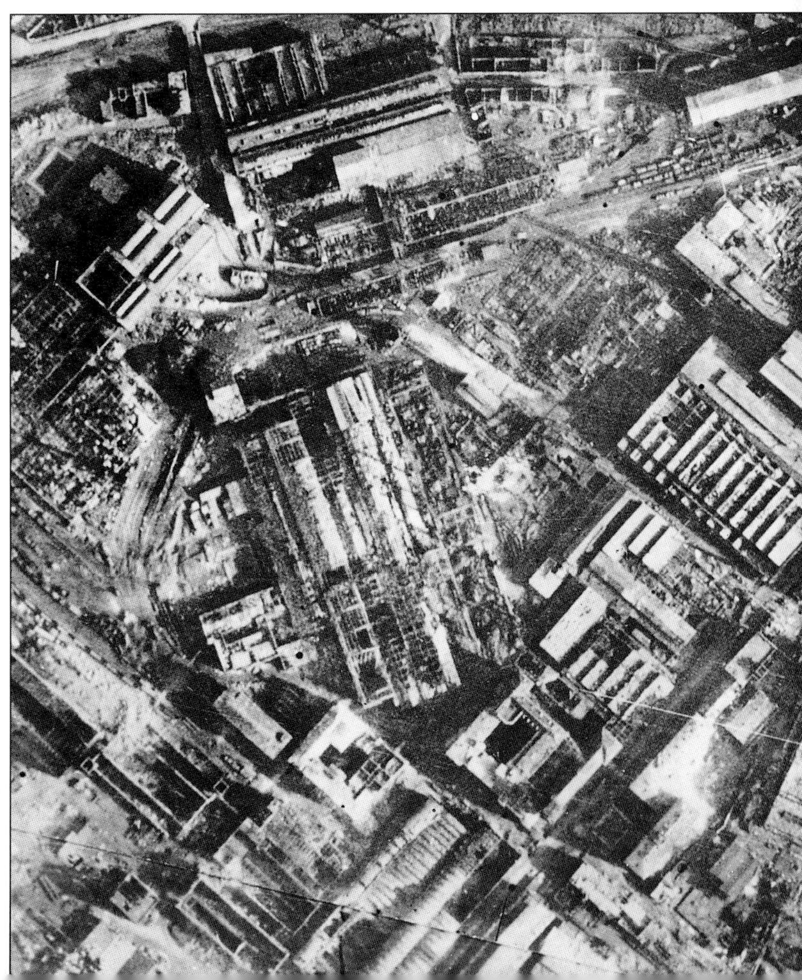

bevölkerung. Sie konzentrierten sich folglich auf erdölverarbeitende Betriebe, Motoren- und Flugzeugwerke, um die Luftwaffe weiter zu schwächen. Die RAF hingegen bombardierte mit immer größeren Bomberflotten deutsche Städte und die sich dort befindlichen Industrieanlagen. Den Höhepunkt stellte dabei (mit amerikanischer Hilfe) die umstrittene Bombardierung Dresdens am 13./14. Februar 1945 dar. Der dabei ausgelöste »Feuersturm« - ähnlich wie jener 18 Monate zuvor in Hamburg - führte zum Tod von mindestens 50.000 Zivilisten. Das RAF Bomber Command, das 796 Lancasters und neun Mosquitos für diesen Angriff zusammengestellt hatte, verlor bloß sechs Flugzeuge durch die deutsche Luftabwehr.

Ganz Deutschland lag wehrlos am Boden, ohne eine Möglichkeit, sich zu schützen: es gab keine Luftwaffe mehr.

Maßgebend für diesen Untergang waren aber nicht nur praktische Schwierigkeiten wie Treibstoffmangel, unerfahrene Piloten oder die Überlegenheit des Feindes in der Luft. Hitlers strategische Entscheidungen spielten dabei ebenfalls eine wesentliche Rolle, der die noch verfügbaren Maschinen sinnlos opferte. Seine Vergeltungsschläge gegen Großbritannien erfolgten nämlich zu einem Zeitpunkt, als die alliierte Luftüberlegenheit derart groß war, dass jeder Versuch zum Scheitern verurteilt sein musste. Die Luftwaffe verlor dabei wesentlich mehr Bomber, als sie sich leisten konnte.

Der wahre Schaden zeigte sich schließlich zu Beginn 1945. Hitler glaubte nämlich beim Vorstoß der westlichen Alliierten im Herbst 1944 auf Deutschland eine vermeintliche Schwachstelle ausmachen zu können. Zwischen den englisch-kanadischen Truppen, die in die Niederlande eindrangen, und den amerikanischen Truppen weiter südlich sah er eine Lücke - die Ardennen. Dieses dicht bewaldete Gebiet war schon 1940 Schauplatz eines Panzerdurchbruchs gewesen. Hitler rechnete trotz des wesentlich stärkeren Feindes und der späten Jahreszeit mit einem erneuten Erfolg. Unter größter Geheimhaltung liefen die Vorbereitungen für einen gepanzerten Vorstoß durch die Ardennen, der einen Stoßkeil zwischen die englisch-kanadischen und amerikanischen Truppen treiben sollte. Auch wenn die westlichen Alliierten nicht unterliegen würden, so wäre doch Zeit gewonnen, um neue Kräfte gegen die Sowjets im Osten zu sammeln.

Die Ardennenoffensive

Es handelte sich um einen in jeder Hinsicht zu ehrgeizigen Plan. Der Einsatz von Deutschlands letzten Reserven - sowohl in der Luft als auch am Boden - würde bei einem Scheitern katastrophale Folgen haben. In aller Stille wurden an die 30 Divisionen, davon 10 Panzerdivisionen, aufgestellt. Ihnen zur Seite standen insgesamt 2460 Flugzeuge, größtenteils Jäger, die gemäß der Taktik des Blitzkrieges die alliierten Luftstützpunkte zerstören

Oben: Eine Heinkel He 219A Uhu mit den Lichtenstein SN-2- und Lichtenstein C-1-R-Radarantennen. Die He 219 war der schwerste deutsche Nachtjäger, aber seine Entwicklung dauerte einfach zu lange. Erst Mitte 1943 kamen die ersten Exemplare zum Einsatz und konnten sich im Kampf gegen die britischen Bomber sofort auszeichnen. Es gab aber zu wenige von ihnen.

Oben links: Messerschmitt Bf 110D-Langstreckenjäger des Zerstörergeschwaders 1 an der Ostfront 1944. Am Bug des Geschwaderführers ist deutlich eine Wespe zu erkennen - ZG 1 war nämlich auch als Wespengeschwader bekannt, worauf die Piloten stolz hinwiesen. Um 1944 war dies jedoch nicht mehr so von Vorteil.

Mitte links: Ein Junkers Ju 88-Nachtjäger mit Lichtenstein-Bordradar und Kompressormotoren mit vierblättrigen Propellern.

Oben: Blick in eine brechend volle Heinkel-Fabrik. 1945 lagen die deutschen Flugzeugwerke jedoch größtenteils in Schutt und Asche.

durchführbar war. Am 1. Januar 1945 um 9 Uhr unternahmen insgesamt 800 Bf 109 und Fw 190-Jagdbomber einen Großangriff auf die alliierten Luftstreitkräfte im Westen. Der gesamte Aufwand war jedoch vergebens, obwohl einzelne Erfolge unter Ausnutzung des Überraschungseffektes erzielt wurden. So gelang es, auf einem Stützpunkt bei Eindhoven zwei kanadische Typhoongeschwader schwer zu beschädigen. Die Verluste der Luftwaffe waren aber ebenfalls beträchtlich. Am Ende des Tages kehrten rund 200 deutsche Flugzeuge nicht mehr zurück und mit ihnen auch deren Besatzungen. Einen solchen Verlust konnte sich die Luftwaffe aber einfach nicht leisten. Die Alliierten verloren hingegen bloß 144 Flugzeuge, die meisten davon unbemannt am Boden. Ein Verlust, der bei den Alliierten kaum ins Gewicht fiel.

Das Scheitern von »Bodenplatte« bedeutete auch das allmähliche Ende der Luftwaffe im Westen. Durch den dramatischen Treibstoffmangel mussten darüber hinaus ganze Formationen am Boden bleiben. Der Nachschub an neuen Flugzeugen kam ebenfalls fast zum Erliegen. Zum Schutz vor alliierten Bombenangriffen hatten die Deutschen nämlich die Produktionsstätten aus den Städten hinaus verlegt.

Doch massierte Angriffe der Alliierten auf die Transportwege verhinderten nun eine Auslieferung. Für jene Flugzeuge, die trotzdem die Front erreichten, fehlte dann meist eine entsprechend geschulte Besatzung. Die Ausbildung des fliegenden Personals war zu diesem Zeitpunkt bereits zusammengebrochen. Unter solchen Umständen gab es wenig Hoffnung, den alliierten Vormarsch über dem ständig schrumpfenden Reich aufzuhalten. Es blieben einzig und allein die »Wunderwaffen« übrig, deren Geschichte jedoch eine von verpassten Gelegenheiten und falschen Hoffnungen war. Deren Entwicklung kann aber gleichzeitig als ein Spiegelbild der Luftwaffe angesehen werden. Um sich jedoch ein endgültiges Urteil zu bilden, muss man sich unbedingt näher damit befassen.

KAPITEL 11

ZU HALBHERZIG, ZU SPÄT

Die Luftwaffe baute eine Reihe von bahnbrechenden Jägern und Bombern, die den Kriegsverlauf wesentlich beeinflussen hätten können. Produktionsverzögerungen und politische Interventionen verhinderten dies jedoch.

Links: Eine spektakuläre Aufnahme. Flak-Leuchtspurgeschosse erhellen den nächtlichen Himmel über Südengland Ende 1944, während sich die Luftabwehr auf die nahenden V1-»Flugbomben« konzentriert.

Oben: Eine merkwürdige Konstruktion, Mistel 1 genannt. Ein Junkers Ju 88-Flugwerk, dessen Cockpit durch einen Hohlladungssprengkörper ersetzt wurde, wird von einer Bf 109F an ihr Ziel befördert.

Zwischen 1939 und 1945 verlor die Luftwaffe mehr als 100.000 Flugzeuge. Dabei kamen 320.000 Besatzungsmitglieder ums Leben und 230.000 wurden schwer verwundet. 1945 hatte man aber nicht nur die Lufthoheit auf allen Kriegsschauplätzen eingebüßt, sondern war auch den alliierten Flugzeugen technisch unterlegen. Unfähig, den Himmel über Deutschland zu verteidigen, mussten die Piloten der Luftwaffe tatenlos zusehen, wie die alliierten Bomber ihre Heimat verwüsteten. Doch auch die schwer bedrängten Bodentruppen konnten nicht mehr auf die Unterstützung der Flieger zählen. Die alli-

Unten: Oberst Günther »Franzl« Lützow, Träger des Ritterkreuzes mit Eichenlaub und Schwertern. Er fiel im April 1945, nachdem er 108 Luftsiege errungen hatte. Adolf Galland bezeichnete ihn als »hervorragenden Führer der Luftwaffe«.

Oben: Eine beeindruckende Anordnung von Messerschmitt Me 262A-Einsitzer-Jägern mit doppeltem Düsenantrieb, wahrscheinlich vom Kommando Nowotny, Anfang 1945. Diese Jäger kamen vorwiegend gegen alliierte Bomber zum Einsatz und läuteten eine neue Ära im Luftkampf ein.

ierten Armeen rückten vom Westen und Osten immer näher. Nichts erinnerte mehr an die glorreichen Feldzüge von 1939 bis 1941.

Die Gründe für diesen dramatischen Abfall der Kampfstärke sind rückblickend gesehen leicht zu erklären. Zweifelsohne ließ Hitlers Politik der Drohungen und Machtdemonstrationen die Luftwaffe 1939 in einem Bild erscheinen, das nicht der Realität entsprach. Sie war bei weitem nicht so stark, wie vorgegeben wurde. Der raschen Expansion von 1935-1939 war nämlich kein einheitliches Konzept zugrunde gelegen, und im Bereich der Entwicklung und Finanzierung herrschten große Defizite. So blieben jene Flugzeugtypen, die bereits in Polen zum Einsatz gekommen waren, bis zum Ende des Krieges im Dienst. Es erfolgten einzig und allein Modifikationen.

Jene neue Generation von Jägern und Bombern, die bereits Ende der Dreißigerjahre versprochen worden war, traf nie im erwarteten Ausmaß ein. Diese wären aber unbedingt notwendig gewesen, um den technischen Vorsprung zu halten. Es zeigte sich, dass die Flugzeugindustrie den Anforderungen nicht gewachsen war. Mit zunehmenden Verlusten und dem Übergang in den totalen Krieg kam es immer häufiger vor, dass Neuentwicklungen eingestellt oder hinausgezögert wurden, um die bewährten Modelle in ausreichender Zahl produzieren zu können.

Eine große Rolle spielte dabei auch die Art der Nachfrage. Die Aufgabe der Luftwaffe der Vorkriegszeit bestand im Wesentli-

Oben: Die fehlende Einheitskennzeichnung deutet darauf hin, dass es sich hier um ein Testmodell des Messerschmitt Me 262-Düsenjägers handelt. Die Deltaflügel und die beiden Junkers Jumo 004B-Axialdüsenturbinen sind hier gut zu erkennen.

Unten: Hauptmann Walter „Nowi" Nowotny, ein Fliegerass der Luftwaffe mit 158 Abschüssen, die er bis auf drei alle an der Ostfront erzielte. Er soll nach einem Luftkampf mit P 51 Mustangs der US-Luftflotte über Deutschland aus Versehen von der eigenen Flak abgeschossen worden sein.

chen darin, die Bodentruppen zu unterstützen, indem sie vor allem die Luftüberlegenheit über dem Kampfgebiet erobern und feindliche Gegenangriffe unterbinden sollte. Mit Fortdauer des Krieges wurden diese Aufgaben aber ständig erweitert. Neben strategischen Bombenangriffen auf Städte kamen die Nahkampfunterstützung der eigenen kämpfenden Truppen, die Versorgung eingekesselter Einheiten und die Verteidigung des Luftraums über Deutschland hinzu. Für all diese Aufgaben verfügte man aber nicht über die entsprechenden Flugzeugtypen. Die Hersteller standen nun unter starken Druck, um rasch die notwendigen Modifikationen durchzuführen.

Aber auch hier gab es Grenzen. Die deutsche Wirtschaft, die Mitte der Dreißigerjahre unter Hitler einen stürmischen Aufschwung erlebt hatte, stöhnte unter den Belastungen des Krieges. Die Flugzeugproduktion dauerte zwar bis Kriegsende an und erreichte unter Albert Speer, seit 1942 Reichsminister für Bewaffnung und Munition, sogar neue Rekordwerte. Doch die alliierten Bombenangriffe machten es immer schwieriger, die neuen Maschinen an die Front zu liefern.

Gleichzeitig verfügten die Amerikaner, Sowjets und Briten nun über Möglichkeiten, Flugzeuge in riesigen Mengen herzustellen, die den deutschen technisch weit überlegen waren. Daneben besaßen die Alliierten genügend geschulte Besatzungen, um diese Kampfflugzeuge zu fliegen. Die Luftwaffe hingegen war um 1945 dazu nicht mehr in der Lage, da ihre Staffeln im Kampf dezimiert

Oben: Ein Prototyp der A-Serie des Arado 234 »Blitz«-Düsenbombers beim Start im April 1944. Das Fahrgestell ist gerade ausgeklinkt worden.

Unten: Eine Arado Ar 234B steht verlassen auf einem deutschen Flugplatz. Das fixe Fahrgestell stellt eine Verbesserung zur A-Serie dar. Die Motoren sind Junkers Jumo 004B Orkan-Axialdüsenturbinen.

Oben: Die Ar 234 war Gegenstand einer Reihe von Experimenten. Diese Ar 234 V13-Variante verfügt über vier BMW 003A-1-Turbotriebwerke, die paarweise an jedem Flügel montiert sind. Damit versuchte man die Leistung und Geschwindigkeit zu erhöhen.

Unten: Hanna Reitsch (Mitte), die als Zivilistin im Krieg das Eiserne Kreuz erhielt, im Gespräch über die Feinheiten des Segelns. Am 26. April 1945 flog sie General Ritter von Greim nach Berlin, der dort Göring ablöste.

worden waren. Am Ende stand die Luftwaffe abgekämpft und ohne Flugzeuge da und sah sich Bedrohungen und Realitäten gegenüber, die weder Göring noch Hitler richtig erkannten.

Die tödliche Schwalbe

Dennoch darf nicht übersehen werden, dass die Luftwaffe sehr wohl für technologischen Fortschritt stand. Leider fehlte es dann meist an der praktischen Umsetzung. Am 25. Juni 1944 berichtete beispielsweise ein britischer Pilot, dass er über Süddeutschland einem unglaublich schnellen Flugzeug begegnet sei. Was er gesehen hatte, war das Messerschmitt 262-Düsenflugzeug, auch »Schwalbe« genannt. Sie konnte eine Geschwindigkeit von 864 km/h in einer Höhe von 6096 m Höhe erreichen. Mit ihrer anfänglichen Steigfluggeschwindigkeit von 1219 m pro Minute und einem Aktionsradius von über 480 km stellte sie einen Quantensprung in der Flugzeugtechnologie dar, der sämtliche Modelle mit Kolbenmotor klar übertraf. Ihre Ursprünge gingen bereits auf Jahr 1938 zurück, obwohl die ersten Testflüge erst im März 1942 stattfanden. Angesichts der anfänglichen deutschen Erfolge hatte man es nämlich zuerst nicht besonders eilig gehabt. Es gab Probleme mit den Düsenmotoren und das Flugzeug war zu diesem Zeitpunkt für einen Fronteinsatz noch zu

Unten: Eine seltene Aufnahme einer Heinkel He 178, dem ersten Flugzeug der Welt, das über einen reinen Düsenantrieb verfügte. Sie flog erstmals am 27. August 1939, 20 Monate vor der britischen Gloster E.28/39. Der He 178-Prototyp wurde bei der Bombardierung des Berliner Luftfahrtmuseums 1943 zerstört.

Oben: Ein Heinkel 162-Einsitzer-Jäger hebt ab. Dieses Flugzeug, das im Mai 1945 erbeutet wurde, kam zur Untersuchung in die USA, wo diese Aufnahme auch entstand. Die Markierung am Bug deutet darauf hin, dass es zum Jagdgeschwader 1 gehörte.

Unten: Piloten im Gespräch, während ihre Heinkel He 162 aufgrund Treibstoffmangels im April 1945 am Boden bleiben. Diese Aufnahme stammt wahrscheinlich aus Leck, dem Stützpunkt des Jagdgeschwaders 1. Die He 162 galt als äußerst zuverlässiges Flugzeug.

Oben: Der Dornier Do 335 V1-Prototyp, der am 26. Oktober 1943 erstmals geflogen wurde. Offiziell als »Pfeil« bekannt, erhielt er aufgrund seiner merkwürdigen Form rasch den Spitznamen »Ameisenbär«.

anfällig. Einige Kommandanten der Luftwaffe, vor allem Adolf Galland (der den Prototyp flog), erkannten aber ihr revolutionäres Potenzial. Am 25. Mai 1943 drängte Galland Göring, Geldmittel für die Me 262 zur Verfügung zu stellen, um 1944 mindestens 1000 Exemplare im Monat fertigen zu können. Falls dies gelungen wäre, hätte der Kampf in der Luft wahrscheinlich einen anderen Verlauf genommen. Es darf aber auch nicht vergessen werden, dass die Engländer ebenfalls an einem Düsenjäger arbeiteten, der Gloster Meteor, die Ende Juli 1944 zum Einsatz kam.

Verzögerungen im Me 262-Programm

Wie dem auch sei, Deutschland hatte diese Gelegenheit versäumt. Aufgrund der Anforderungen von der Front genoss die Produktion der Bf 109 und Fw 190 Priorität, wobei deren Nachfolger, die Focke-Wulf Ta 152 mit Kolbenmotor, höher eingeschätzt wurde als der neumodische (und noch unerprobte) Düsenjäger. Außerdem bestand Hitler im Juni 1943 darauf, die Me 262 als Jagdbomber und nicht als konventionellen Jäger zu bauen. Die Auswirkungen dieser Entscheidungen sollten zwar nicht überbewertet werden, da die Hauptprobleme in der Produktion und nicht im Einsatz lagen. Durch das erzwungene Mehrgewicht von 250 kg (Bombenlast) büßte die Me 262 aber an Geschwindigkeit und vor allem ihre aerodynamischen Eigenschaften ein. Die alliierten Bombardements von Schlüsselindustrien, insbesondere der Junkers-Düsenantriebswerke, verschlechterten die Situation noch zusätzlich. Deshalb wurden auch nur relativ wenige Me 262 bis zum Kriegsende in Dienst gestellt.
Bis April 1945 standen so trotz Hitlers Meinungsumschwung nur an die 200 Düsenjäger für den Kampfeinsatz bereit. Sie kamen vorwiegend am Tag gegen die B 17-Bomber zum Einsatz und hinterließen bei den US-Fliegern einen starken Eindruck. Da sie jedoch relativ störungsanfällig waren, blieb die Zahl ihrer Einsätze beschränkt und ihre Wirkung dementsprechend gering. Daneben mangelte es den deutschen Piloten an einer entsprechenden Schulung an diesem Flugzeug. Dies und die Tatsache, daß die Me 262 nicht in größeren Verbänden eingesetzt wurde, machte es für erfahrene alliierte Piloten leicht, mit ihren Mustangs im Luftkampf siegreich zu bleiben. Bis Kriegsende, so schätzt man, fielen den Me 262 rund 150 gegnerische Flugzeuge zum Opfer. Dabei gingen aber auch 100 eigene Maschinen verloren. Ein äußerst deprimierendes Ergebnis.
Andere revolutionäre Konstruktionen erlebten ebenfalls ein ähnliches Schicksal. Die Arado Ar 234 Blitz, beispielsweise, war der erste Düsenjäger der Welt, der eine Bombenlast von 1500 kg bei einem Einsatzradius von 560 km und einer Höchstgeschwindigkeit von 736 km/h befördern konnte. Bei ihrer Entwicklung 1941 bestand jedoch kein Grund für eine beschleunigte Produktion. Als sie dann aber doch gebraucht wurde, mangelte es an entsprechenden Kapazitäten, da die laufende Produktion Priorität hatte. Die ersten Exemplare gingen folglich erst im Juni 1944 in Dienst. Im April 1945 standen ganze 38 Exemplare die-

ses zweistrahligen Düsenjägers im Frontdienst. Die meisten von ihnen kamen als Aufklärer zum Einsatz, da sie die einzigen Flugzeuge der Luftwaffe waren, die relativ sicher die feindliche Luftabwehr durchdringen konnten.

Angesichts dieser Verzögerungen und Probleme kam es überraschend, dass Ende 1944 auf persönlichen Wunsch Hitlers und Görings ein dritter Düsenjäger, die Heinkel He 162 »Salamander«, ins Produktionsprogramm aufgenommen wurde. Dieses inoffiziell »Volksjäger« genannte Flugzeug wurde in der Rekordzeit von 90 Tagen konstruiert, geflogen und getestet. Sodann sollte es in Produktion gehen und von der Hitlerjugend eingesetzt werden. Das Hauptaugenmerk lag dabei auf einer einfachen Produktion - die He 162 bestand aus leichten Legierungen und Sperrholz. Ihr Potential war bemerkenswert: zusätzlich zu ihrer Geschwindigkeit (896 km/h) verfügte sie über eine tödliche 2-cm-Kanone.

Aber einmal mehr fiel eine wichtige Entscheidung zu spät. Bis zum Ende des Krieges erreichten nur 50 Maschinen die Front, wobei sie kaum zum Einsatz kam (es gibt jedoch mindestens durch vier Personen bezeugte Abschüsse, die in den letzten Kriegstagen offiziell nicht mehr bestätigt wurden).

Doch neben den Düsenflugzeugen gab es auch noch andere Entwicklungen. Dazu zählte etwa die etwas ungewöhnliche Dornier Do 335 »Pfeil« mit Kolbenmotor. Sie besaß nämlich zwei Propeller, von denen sich einer an der Spitze und einer am Ende des Flugzeugs befand. Der erste Testflug im Oktober 1943 verlief äußerst vielversprechend, wobei eine Höchstgeschwindigkeit von 758 km/h erreicht wurde. Die Bewaffnung bestand aus einer 3-cm-Kanone und zwei 15-mm-Maschinengewehren. Trotz

Oben: Das Innere einer Dornier-Fabrik in Oberpfaffenhofen, die von US-Truppen im Mai 1945 erobert wurde. Das im Bau befindliche Flugzeug im Vordergrund ist eine Do 335 A-12. Von diesem Zweisitzer-Schulungsflugzeug mit Doppelsteuerung wurden nur zwei Stück fertiggestellt.

Unten: Eine andere Aufnahme eines Dornier Do 335 V1-Prototyps bei einem Testflug Ende 1943 in Oberpfaffenhofen. Trotz ihrer merkwürdigen Form erwies sie sich als relativ leicht zu fliegendes Flugzeug, mit besserer Beschleunigung und Wendekreisen als erwartet. Der äußere Ölkühlereinlass wurde später weggelassen.

Oben: Mehrere Messerschmitt Me 163B-1a Komet-Jäger mit Raketenantrieb stehen 1945 auf einem Flugfeld in Deutschland. Die Zeltplanen lassen einen Flugeinsatz eher unwahrscheinlich erscheinen.

Unten: Das Standardmodell der Messerschmitt Me 163B-1a im Jahre 1945. Es war dies eine beeindruckende Maschine, deren Effektivität aber aufgrund des schwankenden Treibstoffverbrauchs und der kurzen Einsatzdauer litt.

ihres eigenartigen Aussehens hätte dies ein brauchbares Flugzeug sein können. Zum Leidwesen der Luftwaffe wurde dieses Projekt jedoch Ende 1944 eingestellt. Noch wesentlich futuristischer wirkte die Messerschmitt Me 163 Komet, ein raketenbetriebenes Flugzeug, das während der Kriegsjahre den Geschwindigkeitsrekord hielt. Durch ihre extrem instabile Treibstoffmischung stellte sie jedoch für ihre Piloten, die mit nahezu 960 km/h dahinbrausten, bisweilen eine tödliche Falle dar.
Nach dem Start wurden die Räder abgeworfen und die Komet musste nach knapp siebenminütigem Flug auf schmalen Kufen wieder landen. Die Me 163 kam auch zum Kampfeinsatz und konnte insgesamt neun feindliche Bomber vernichten. Die eigenen Verluste betrugen dabei aber 14 Maschinen. Dies genügte, um diesen raketenbetriebenen Jäger wieder zurückzuziehen.
Ein anderes Modell, die Bachem BA 349 Natter, war noch extremer konzipiert. Sie sollte senkrecht auf die Höhe der feindlichen Bomber geschossen werden, wo dann der Pilot seine Luft-Luft-Raketen abfeuern und danach abspringen sollte. Zum Glück für alle Beteiligten kam dieses Modell jedoch nie über das Versuchsstadium hinaus.
Wesentlich mehr Erfolg war einer anderen »Wunderwaffe« vergönnt: der Fieseler Fi 103 oder V1 (Vergeltungswaffe 1). Der erste Testflug fand bereits im Dezember 1941 statt und verlief recht vielversprechend. Als unbemanntes Flugzeug benötigte sie auch keinen Piloten. Darüber hinaus handelte es sich um eine recht preiswerte Konstruktion aus gepresstem Stahl (statt dem zunehmend knapperen Aluminium), die der deutschen Wirtschaft eine Massenproduktion bei geringen Kosten ermöglichte. Das Argus-Pulsostrahltriebwerk erwies sich jedoch als kompliziert und störungsanfällig. Nachdem dieses Problem aber behoben war, zeigte sich, dass die Reichweite dieser Flugbombe bei rund 240 km lag.
Somit eröffnete sich die Möglichkeit, Großbritannien von speziellen Abschussrampen in Nordfrankreich aus zu bombardieren. Jede V1 trug eine 850 kg schwere Sprengladung, die man relativ genau ins Ziel zu befördern hoffte. Nach dem Abschuss sollte sie ihr Motor auf eine Einsatzhöhe von 914 m bringen und mit 640 km/h rund 30 Minuten lang in der Luft halten, bis der Treibstoff verbraucht war. Daraufhin würde der Flugkörper zu Boden fallen und explodieren.
Die Verantwortung für den Einsatz der V1 erhielt die Fliegerabwehr. Dafür wurde ein spezielles Regiment, das Flakregiment 155 (W), Ende 1943 aufgestellt. Zur selben Zeit erfolgte in Nordfrankreich der Bau der Abschussrampen, um bereits im Dezem-

Unten: Eine Nahaufnahme einer Mistel 2, die den US-Truppen im Mai 1945 in die Hände fiel. Die Focke-Wulf 190F-8 sollte die Junkers Ju 88G1, die mit Sprengstoff vollgestopft war, über dem Ziel ausklinken.

ber 1943 London angreifen zu können. Diese Arbeiten konnten jedoch vor den Alliierten nicht geheim gehalten werden. Neben den Luftaufnahmen ihrer Aufklärer erhielten sie auch Informationen von französischen Arbeitern, die Angehörige der Resistance waren. Die Abschussrampen waren leicht zu erkennen und wurden größtenteils von englischen Bombern zerstört.
Bereits früher fanden Angriffe auf die Heeresversuchsanstalt Peenemünde an der Ostseeküste statt. Der folgenreichste davon ereignete sich in der Nacht vom 17. auf den 18. August 1943. Nach all diesen Verzögerungen und Rückschlägen gab es erst im Juni 1944 genügend V1-Flugbomben, um eine längere Kampagne durchzuführen. Diesmal verwendete man jedoch einfachere (und getarnte) Abschussrampen.

Die V1-Kampagne

Der V1-Angriff begann in der Nacht vom 12./13. Juni, nur sechs Tage nach der alliierten Landung in der Normandie. Er war kein großer Erfolg. Anstatt alle V1 in einem massiven Schlag gleichzeitig zu starten, wurden nur zehn Stück abgefeuert. Von diesen erreichte wiederum nur eine einzige ihr Ziel - London. Der Rest scheiterte an einer Reihe von mechanischen Problemen, die jedoch reine Kinderkrankheiten darstellten. Als die Kampagne dann drei Tage später wiederholt wurde, starteten bis zu 190 Flugkörper pro Tag gegen England. Bis zum 1. September, als die vorrückenden alliierten Truppen die ersten Abschussstellen überrannten, fielen mehr als 8600 Flugbomben auf Südengland. Danach kamen speziell umgebaute He 111 zum Einsatz, die je eine V1 in der Luft abfeuern konnten. Ab Januar 1945 erfolgten noch vereinzelte Abschüsse von V1-Flügelbomben von Abschussrampen in den Niederlanden.

Die Bilanz der V1

Der letzte ernsthafte Angriff auf England erfolgte am 30. März 1945. Bis dahin waren ungefähr 10.500 V1 abgefeuert worden, der Großteil davon von Rampen in Frankreich oder den Niederlanden. Davon hatten insgesamt 7488 Stück die englische Küste erreicht und 2450 auch eingeschlagen - 2419 in London, 30 in Southampton/Portsmouth und eine in Manchester. Der Rest stürzte entweder aufgrund mechanischer Probleme ab oder wurde von der alliierten Luftabwehr zerstört. Vor allem die Flak erwies sich als wirksame Waffe gegen die V1.
Schnelle Jäger (wie die Meteor) schossen die V1 entweder ab oder flogen in extremen Fällen auf gleicher Höhe und brachten mit der eigenen Flügelspitze die Flugbombe ins Trudeln. Trotzdem fielen bis Ende März 1945 der V1 6184 Zivilisten zum Opfer. Dazu kamen noch weitere 17.981 Verwundete. Doch wie be-

Unten: Ein frühes Modell einer Henschel Hs 293 funkgesteuerten Bombe ist 1942 unterhalb dieses Heinkel He 111-Bombers zu sehen. Es handelt sich dabei um eine kleinere Version der Hs 293, die wahrscheinlich im Gleitflug getestet wird.

Oben: Ein Blohm und Voss Bv 143 raketenbetriebener Lufttorpedo wird zu einer He 111 geschoben. Der Bv 143 war für einen Einsatz aus einer Höhe konstruiert, aus der konventionelle Torpedos nicht mehr funktionierten.

Unten: Ein Bv 143-Lufttorpedo wird 1943 bei einem Testflug ausgelöst. Der nach unten hängende Arm stellt eine Art »Fühler« dar. Ungefähr 2 m über der Wasseroberfläche wurde durch den Kontakt dieses Armes mit dem Wasser der Raketenmotor gestartet.

reits beim Luftkrieg gegen England 1940 hatte dies keine Auswirkung auf die Moral der Bevölkerung.

Weitere »Vergeltungswaffen« waren vor allem die V2-Fernrakete, die von der deutschen Wehrmacht eingesetzt wurde. Ein massiver Einsatz derartiger Waffen hätte zu einem früheren Zeitpunkt des Krieges eine wesentlich größere Wirkung erzielt, vor allem wenn er mit den konventionellen Bombenangriffen koordiniert worden wäre. So erfolgte ihre Entwicklung viel zu spät und ihr Gebrauch zu einem Zeitpunkt, wo die alliierten Luftstreitkräfte bereits deutlich überlegen waren. Die deutsche Luftwaffe stellte nur mehr einen Abklatsch ihrer einstigen Stärke dar.

Unten: Eine dramatische Aufnahme vom 15. Juni 1944. Über dem Picadilly Circus in London sieht man eine Fieseler Fi 103 oder V1-»Flugbombe« niedergehen. Nachdem ihr Treibstoff verbraucht war, fiel sie wie ein Ziegelstein zur Erde. Die 850-kg-Sprengladung explodiert dabei beim Aufprall.

Rechts: Eine A4 Boden-Boden-Rakete, besser bekannt als V2, wurde in London nach dem Krieg ausgestellt. So konnte die Bevölkerung der britischen Hauptstadt sehen, womit ihre Stadt von 1944 bis 1945 bombardiert worden war. Insgesamt fielen 1054 V2 auf England, die alle von der Wehrmacht abgefeuert wurden.

Unten rechts: Hermann Göring, nach seiner Verhaftung durch die Alliierten im Mai 1945. Er trägt noch seine Auszeichnungen, wie den Pour le Mérite (um den Hals) und das Großkreuz zum Ritterkreuz, das er als Einziger verliehen bekommen hatte.

Namen- und Sachregister

Bildnachweis

Christopher Ailsby Historical Archives: 6, 8 (beide), 9 (oben), 13 (beide), 18, 19, (oben), 20, 21, 23, (beide), 24 (beide), 25, 26, 27 (beide), 28 (beide), 29 (beide), 30 (beide), 31, 32-33, 33 (beide), 34, 36 (oben), 38-39, 39, 42-43 (alle fünf), 48 (oben), 52, 53 (oben), 55 (beide), 56 (beide), 57 (beide), 58 (alle drei), 59 (beide), 62 (oben), 67, 69 (unten), 71 (beide), 73 (oben), 74 (oben), 79, 80 (beide), 83 (unten), 84 (beide), 86 (beide), 91, 92, 93 (oben), 96 (oben), 99 (unten), 100 (oben), 101, 102-103, 104 (beide), 107 (oben), 108 (beide), 110 (oben), 114 (oben), 116 (beide), 117 (alle drei), 119 (unten), 120-121, 121 (oben rechts, Mitte, unten rechts), 126 (oben), 127, 128, 130 (unten), 134 (beide), 135 (oben), 140 (beide), 141 (unten), 142, 142-143, 143, 152 (unten), 154 (beide), 155 (beide), 156 (alle drei), 160 (unten), 161 (unten), 162 (unten), 163 (unten), 173 (beide)

Hugh Cowan: 10 (oben), 12-13, 15, 22-23, 46 (unten), 51, 70-71, 74 (unten), 98, 106, 109, 113, 124, 125, 130 (oben), 131 (oben), 133 (unten), 135 (unten), 146-147, 161 (oben), 162 (oben), 164, 165, 167 (beide), 168 (beide), 170, 171 (beide)

TRH Pictures: 1, 2, 7, 9 (unten), 10 (unten), 11, 14, 14-15, 16, 17 (beide), 19 (unten), 35, 36 (unten), 37, 38, 40, 41 (beide), 44 (beide), 45 (beide), 46 (oben), 47, 48 (unten), 49, 50, 53 (unten), 54 (beide), 60, 61 (beide), 62 (unten), 63, 64, 65 (beide), 66, 68, 69 (oben), 72 (beide), 73 (unten), 75 (beide), 76, 76-77, 77, 78, 81, 82, 83 (oben), 85, 86-87, 88-89, 89 (beide), 90 (beide), 93 (unten), 94, 95, 96 (unten), 97 (beide), 99 (oben), 100 (unten), 100-101, 105, 107 (unten), 110 (unten), 111 (beide), 112, 114 (unten), 115 (alle drei), 118, 119 (oben), 120, 121 (oben links), 122, 123 (beide), 126 (unten), 129, 131 (unten), 132 (beide), 133 (oben), 136, 137, 138 (beide), 139 (beide), 141 (oben), 144, 145, 147, 148, 148-149, 149, 150 (beide), 151, 152 (oben), 153 (beide), 156-157, 158, 159, 160 (oben), 163 (oben), 164-165, 166, 169, 172-173